ELOGIOS PAR~~
EL ARTE DE EQUIVO~~

Vulnerabilidad a corazón abierto. Una lectura muy placentera y un recordatorio de lo mejor en nosotros. Me sentí animado e inspirado. ¡Gracias, Stephen!

Leslie Odom Jr., dos veces nominado a los premios de la Academia como el Aaron Burr de *Hamilton*, y autor de *Failing Up*

En las palabras finales de este libro, Stephen Miller destaca que «el mundo tiende a escribir nuestras victorias en la arena, mientras que graba nuestros fracasos en el concreto». En nuestros momentos más sinceros, la mayoría de nosotros también tenemos que admitir que eso es exactamente lo que hacemos con nosotros mismos. Los veredictos negativos que ocupan nuestras mentes y nuestros corazones a lo largo del día acerca de que no somos lo suficientemente buenos, acerca de que somos demasiado de «esto» y no lo suficiente de «eso», pueden conformarnos de tal manera que los duendes del remordimiento, la vergüenza y el fracaso se convierten en los mentores de nuestro corazón. Eso es lo que hace que libros como *El arte de equivocarse*, y escritores serios y transparentes como Stephen, sean tan necesarios y útiles. Stephen nos lleva con eficiencia de regreso a la realidad de que lo que es cierto para él también es cierto para nosotros. Todo va a estar bien, porque Dios no puede dejar de amarnos y ha asegurado el más glorioso futuro para nosotros.

Scott Sauls, pastor principal, *Christ Presbyterian Church*, Nashville, Tennessee, y autor de *Beautiful People Don't Just Happen*

Como alguien que tiene mucha experiencia «equivocándose», este libro proveyó ánimo e instrucción sobre cómo hacer que nuestros contratiempos nos *refinen* y no nos *definan*. Escrito con el humor clásico de Stephen Miller, es un desafío de principio a fin.

Andrew East y Shawn Johnson East, ex jugador de la Liga Nacional de Fútbol y medallista olímpica de oro en gimnasia / La familia East

Con su pasión, humor y optimismo característicos, Stephen Miller nos trae un importante y oportuno mensaje en *El arte de equivocarse*. Todos necesitamos un amigo que pueda recordarnos que todo va a estar bien, incluso cuando las decepciones, los fracasos y las profundas heridas de la vida amenacen con derribarnos. Tal vez ahora no lo creamos, pero todo va a estar bien. En lo personal, necesito esa perspectiva más que nunca. Si te encuentras también en este lugar, ¡necesitas leer este libro!

Lysa TerKeurst, autora número uno en ventas del *New York Times* y presidenta de *Proverbs 31*

Nos sentimos muy animados con la sincera autorreflexión y el mensaje de Stephen de que nuestros fracasos no nos atan ni nos definen. Nuestro Dios está orquestando una poderosa historia en todos nosotros. Todos luchamos con temores y dudas sobre nosotros mismos en los momentos difíciles de la vida, ¡y este libro es como un cálido abrazo!

Adam y Danielle Busby, *OutDaughtered* en TLC y canal de YouTube *It's A Buzz World*

A través de su fe, de su mención de citas de películas muy populares y de su sentido del humor autocrítico, Stephen Miller nos conduce por un viaje a lo largo de su vida y nos muestra que no somos la suma de nuestros errores; somos lo que *aprendemos* de ellos. *El arte de equivocarse* es exactamente el tipo de mensaje que este mundo necesita hoy; un mensaje que, sin importar lo mal que nos podamos sentir con respecto al fracaso, vamos a estar bien. ¡Una excelente lectura!

Shaun y Mindy McKnight, *Cute Girls Hairstyles*

En *El arte de equivocarse*, Stephen Miller nos recuerda que nuestros peores momentos no tienen que definirnos. Si estás tratando de levantarte después de haber caído, te darás cuenta de que este libro rebosa de ánimo y esperanza.

Dr. Darren Whitehead, pastor líder, *Church of the City*, Nashville, Tennessee

EL ARTE
DE EQUIVOCARSE

EL *ARTE*
DE *EQUIVOCARSE*

ENCUENTRA LO BUENO EN LAS
ADVERSIDADES DE LA VIDA

STEPHEN MILLER

Unilit
PUBLICAMOS PARA CAMBIAR VIDAS

Publicado por
Unilit
Medley, Fl 33166

Primera edición: 2023

© 2022 por *Stephen Miller*
Título del original en inglés: *The Art of Getting it Wrong*
Publicado por *Zondervan Books*
"Published by arrangement with HarperCollins Christian Publishing, Inc."

Traducción: *Ofelia Perez*
Edición: *Nancy Pineda*
Diseño de cubierta: *Curt Diepenhorst / Micah Kandros*
Maquetación: *www.produccioneditorial.com*

A menos que se indique lo contrario, el texto bíblico se tomó de la Santa Biblia, Nueva Versión Internacional® NVI®
Propiedad literaria © 1999 por Bíblica, Inc.™
Usado con permiso. Reservados todos los derechos mundialmente.

Producto: 495970

ISBN: 0-7899-2660-1/978-0-7899-2660-9

Categoría: *Vida cristiana / Crecimiento espiritual / General*
Category: *Christian Living / Spiritual Growth / General*

Impreso en Colombia
Printed in Colombia

Dedicado a Amanda, Reese, Penny, Keira,
Jude, Liam, Ethan y Lincoln.
Ustedes son la luz de mi vida,
mi gran honor y alegría.
Los amo a todos con todo mi ser.

En memoria de Jim Frith y Darrin Patrick,
dos hombres que me enseñaron más
que cualquier otra persona sobre la faz
de la tierra acerca de la vida,
de lo que significa ser adulto y de Jesús.
Los extraño mucho a ambos.
¡No puedo esperar para celebrar
con ustedes un día!

CONTENIDO

PRÓLOGO

No creo que a nadie le sorprenda si digo que YouTube puede ser un lugar muy pretencioso. En el sentido de que es difícil saber lo que es real y lo que no lo es. Muchas personas usan el drama y el anzuelo cibernético para ganar visitas, lo que puede hacer que las personas se vuelvan cínicas, y eso es malo. Así que Savannah y yo siempre nos damos cuenta cuando encontramos una familia que es real... que tiene la marca del amor sincero y auténtico. Nosotros mismos, a través de nuestra propia familia, realmente hemos tratado de mostrar esta clase de amor auténtico que inspira a la gente. Hemos conversado sobre muchos altibajos, momentos buenos y momentos malos y, de alguna manera, por la gracia de Dios, tenemos más de trece millones de personas que han decidido unirse a nosotros como suscriptores, lo que, a decir verdad, no nos cabe en la cabeza.

¡Es por eso que nos encanta *The Miller Fam and Stephen*! ¡Ese es Stephen! Simplemente un tipo que está siendo real, con errores y todo (bastantes, por cierto) que invita a otras personas a su viaje. Él y Amanda han creado un espacio que muestra la belleza y las imperfecciones del matrimonio, de la adopción, de ser padre de hijos con necesidades especiales y de tener una familia gigantesca.

Stephen se parece a mí en muchos sentidos: la clase de tipo torpe que va en grande o no va, y que sueña con cambiar el mundo. Ama a Jesús, y ama a su esposa y ama a sus hijos, y la sabiduría que escribió en este libro es algo que realmente espero que todo el mundo lea. ¡Es algo que yo hubiera deseado leer hace algunos años! Todos nos equivocamos a veces. Algunos de nosotros más que otros. Sin embargo, la verdad permanece igual, ya sea que metamos la pata constantemente o solo de vez en cuando.

Lo que me encanta de Stephen es su transparencia con respecto a sus fracasos; la manera en que aprende de ellos, ¡y luego nos los dice a nosotros para que podamos aprender también! No trata de esconder las partes vergonzosas que nos darán escalofríos, y nos harán murmurar, mirar adentro y decir: *Oh, se parece a mí.* Es como ese papá que, de alguna manera, conoce la forma perfecta de explicar las cosas de modo que todo el mundo las entienda, y no nos predica ni nos juzga creyéndose más santo que todos. Solo es real y divertido.

Este libro que estás a punto de leer contiene algunas de las historias verdaderas más increíblemente graciosas de equivocaciones. Tanto fue así, que me reí de principio a fin. Sin embargo, estoy seguro de que después que las leas no pensarás menos de Stephen, de la misma manera en que pienso que, si Dios puede hacer algo extraordinario con Stephen, también lo puede hacer contigo. Dios sabe todo lo que has hecho y todo lo que harás, y te ama de todas formas, con errores y todo. Me emociona mucho saber que elegiste este libro. Espero que lo leas completo, que tomes notas, que subrayes, que hables de él en las redes sociales y que realmente te anime. ¡Sé que es eso lo que quiere Stephen también!

COLE LABRANT, *LaBrant Fam*

CAPÍTULO 1

¿CÓMO ESTÁN, GENTE BELLA?

«¿**C**ómo están, gente bella?». He dicho esas palabras más de un millón de veces.

Si no estás familiarizado con nosotros, mi familia y yo creamos vídeos que muestran nuestro viaje como una gigantesca y diversa familia de nueve y, aunque no estoy muy seguro de cómo empezamos a hacerlo, iniciamos cada vídeo con esas cuatro palabras. Son un sencillo y sutil recordatorio de que tú, sí, tú, tienes más valor y mérito del que posiblemente te imaginas. Eres importante.

Y, a pesar de que estas palabras salen muy fáciles de mi boca, algo así como un eslogan, si soy sincero, no siempre siento que el eslogan se aplica a mí. Me siento un poco como un impostor. Se *supone* que soy el tipo que tiene todo bajo control. El tipo que ama a su esposa y a sus hijos a la perfección cada día, sin contratiempos, sin equivocaciones, sin errores o deslices de la lengua que me ponen en la proverbial casa del perro (y, como verás, tengo algunas cosas en mi día que definitivamente me habrían puesto a dormir en la casa del perro, si tuviéramos alguno).

Sin embargo, todos sabemos que eso no es así por completo todo el tiempo, ¿cierto? ¡Vamos, eso es un ideal inherentemente imposible al que *nadie* puede aspirar!

A veces mis hijos están locos, o Amanda y yo empezamos a discutir, o simplemente me siento feo o gordo, o mi pelo luce como un helado derretido con una cereza encima, y no tengo ningún deseo de tratar de filmar un vídeo. Me siento como una caricatura falsa e hipócrita, totalmente opuesta a la idea de lo que llamamos «gente bella».

No obstante, sé por experiencia personal que, aunque no siempre lo sienta, decir algo tan simple y sutilmente profundo me saca de la depresión. Hay poder en recordarnos a nosotros mismos lo que es verdadero cuando enfrentamos sentimientos que no siempre se alinean con los hechos.

Ese es el punto de partida de todo lo que voy a escribir en este libro. Es el trampolín de toda la locura que voy a tratar de decir. Y créeme, puedo decir cosas muy locas.

> **Hay poder en recordarnos a nosotros mismos lo que es verdadero.**

Más que todo, soy papá. Bromeo diciendo que soy padre de muchas naciones, aunque en realidad solo son tres naciones, lo que normalmente llamaría *unas pocas,* pero algunos libros las cuentan como *muchas,* así que voy a quedarme con eso. Durante los últimos dieciocho años, he criado a siete bolitas de ternura y locura. Eso es, en esencia, la mitad de mi vida hasta ahora, así que no puedo evitar ver el mundo a través de los lentes de un papá. Es el corazón de padre en mí lo que desea desesperadamente que sepas que alguien te ve. Perteneces. Eres amado. Aparte de lo que te está causando ansiedad con respecto al mañana o de cuántas veces has fallado, incluso hoy, todo va a estar bien.

UN PAPÁ DE TELEVISIÓN

Cuando era niño, veía una serie tras otra de familias. Por regla general, el papá era un tipo supertorpe que siempre cometía una metedura de pata que había que arreglar, pero lo asombroso era que, sin importar lo tonto que fuera, era coherente. Amaba a sus hijos. A pesar de lo tonto que era, estaba lleno de sabiduría que había adquirido gracias a tantos fracasos a lo largo del camino, y estaba más que dispuesto y deseoso de transmitir esa sabiduría a sus hijos.

El papá del programa de televisión es el único papá con el que crecieron muchos niños. *TGIF* [*Thank God it's Friday*, bloque de programas cómicos familiares transmitidos en la década de 1980 por ABC TV] era como una iglesia para toda una generación que buscaba paz en la luz de la pantalla grande del viernes en la noche. Había algo en este programa que nos calmaba. Algo reconfortante. Algo que proporcionaba la sensación de seguridad que anhelaban nuestros corazones. Al final del día, sin importar lo loco que hubiera sido, teníamos la sensación de que todo iba a estar bien. Incluso si ese momento de escape frente al programa de televisión fuera la única cosa en nuestras vidas que hubiera estado bien ese día, era un momento de confort que necesitábamos.

A veces me parezco mucho más al papá del programa cómico de televisión de lo que me gustaría admitir. Me tropiezo porque meto la pata a cada momento. Rompo cosas y lo olvido todo, y hago el ridículo todo el tiempo. Pierdo mis llaves casi todos los días y las encuentro en los lugares menos pensados.

Incluso esta mañana me tuve que quedar en el gimnasio porque no podía acordarme de dónde había dejado las llaves. Estaba convencido de que las había dejado en cierto casillero, pero estaba cerrado. Pensé que me estaba volviendo loco y decidí probar lo contrario. Sin embargo, después de buscar meticulosamente por todo el piso del gimnasio y en todos los otros casilleros abiertos del lugar, estaba casi seguro de que alguien había puesto *sus* cosas en *mi* casillero y lo había cerrado, lo que no me permitía marcharme. Estaba tan seguro de que era *mi* casillero que busqué algo para romper el candado y dejar una nota que dijera: «Encerró mis llaves en su casillero (*queriendo decir ¡idiota!*), así que rompí su candado y las saqué. Lamento el inconveniente». Mi esposa me dice que a veces soy pasivo-agresivo. No tengo idea de lo que quiere decir.

Lo tenía todo planeado. Llevé a cabo el plan con la clase de competencia experta que ves en *Misión Imposible* o en una película de *La cuadrilla de los once*. Era como una obra de arte. Estaba completamente preparado para disfrutar la gloria de ver mi plan hacerse realidad. Incluso me pasó por la mente comprar un tabaco para celebrar y llamar a Mr. T para la celebración.

Solo había un problema. En realidad, no conozco a Mr. T. Además, mis llaves no estaban en «mi» casillero. Supongo que son dos problemas.

Tremendamente avergonzado y sin ganas de hacer el ridículo otra vez rompiendo candados, me senté allí tranquilo en los casilleros, como un francotirador esperando el tiro acertado a medida que cada persona venía a recoger sus cosas. Luego de una hora de parecer un acosador loco y vago, dos hombres entraron y abrieron los casilleros *al lado* de donde yo *pensaba* que había puesto mis cosas. Pude sentir la sensación de esperanza mezclada con total desprecio creciendo en mi alma cuando el hombre sacó su mochila y dijo: «¡Oh, mi Dios!». Tenía los ojos grandes como dos platos.

Entré en la escena con un rápido y casi sonriente «Son mías». Agarré mis llaves y salí tan rápido como mis torpes y frustrados pies pudieron sacarme del gimnasio. Alguien había encerrado mis llaves en su casillero. Sin embargo, había roto el candado equivocado y ahora un pobre y modesto hombre de negocios con los pantalones de color caqui más lindos que he visto necesita un candado nuevo.

Durante mi búsqueda, estaba calculando todos los escenarios posibles de lo que pudo haber sucedido.

¿Alguien me robó la camioneta? ¿Ese enorme autobús que transporta a mi gigantesca familia? ¡Necesito esa cosa! ¿La cubrirá el seguro o me mandará a mí la factura porque me olvidé de cerrar mi casillero, invitando a algún rufián amante de furgonetas a requisar la mía que tanto me costó? Habíamos escogido con mucho cuidado esa furgoneta porque por la parte del frente parecía un auto de negocios y por la parte de atrás parecía auto de fiesta. Cumplía su función de trasladar a nuestro pequeño ejército de lugar en lugar sin dar la impresión de que estábamos tratando de robar a tu hijo por algún propósito dudoso que no fuera llevarlo a la práctica de fútbol. ¡Y puede que ya no la tuviera!

¿Cómo llegaré a casa? ¿Tendré que pagar ciento cincuenta dólares para hacer una llave nueva? ¿Qué dirá mi esposa cuando le diga que perdí las llaves? ¿Creerá que no las puse otra vez en un lugar que no recuerdo? ¡Historia conocida! ¿Cómo podré soportar esa vergüenza? Todo el mundo se va a burlar de mí. La gente de la recepción cree que estoy loco.

Pensé de todo. Todo el pánico y la ansiedad y el enojo y el temor y la frustración me asaltaron al mismo tiempo.

Y, con la misma rapidez con que la ola de preocupación me inundó, las tres palabras «Oh, mi Dios» la aplacó. Mis temores eran infundados. Todo iba a estar bien.

A decir verdad, sin importar el resultado, incluso si mis peores temores se hubieran hecho realidad, todo habría estado bien. Incluso nuestros peores temores y fracasos pueden convertirse a veces en nuestras mayores bendiciones. Estos pequeños sucesos continúan recordándome esa verdad. Me ofrecen perspectiva.

Algo así como Bob Ross. Creo que ese pintor y conductor de TV prácticamente se hizo maestro en el *arte* de equivocarse. Este tipo, de alguna manera, encontró la forma de convertir hasta las equivocaciones más grandes en pequeños y felices árboles con nubes regordetas y luego, si todavía le faltaban por cometer algunos otros felices accidentes, bueno, los convertía en aves. Sí, ahora son aves.

Tengo un montón de lecciones que aprendí de aquel pequeño y frustrante incidente en los casilleros. Espero poder sacar de eso un poco de sabiduría de papá de televisión para todos nosotros. Tal vez la primera lección es esta: sé rápido para la paciencia y lento para romper candados.

Quizá le puedas comprar a ese señor de negocios con el pantalón de color caqui el mejor candado que vendan en Target. Y cuando lo hagas, es probable que debas comprar uno para mí también.

TODOS NOS CONVERTIMOS EN ALGO

Al final del día, el trabajo más común que tengo como papá es no ser perfecto ni omnipotente. No es ser capaz de arreglar cosas rotas, ser bueno en matemáticas ni comprar todo lo que está en la lista cuando voy al mercado. No es (*no*) perder mis llaves de la forma más extraña.

Es cargar a mis hijos en mis brazos y, de la mejor forma en que sé hacerlo, transmitirles la verdad que aprendo año tras año, y que es coherente y siempre certera: todo va a estar bien.

Sin importar la edad que tengan. Sin importar la situación. Sin importar lo grande que sea su equivocación o su error. Sin importar lo mucho que hayan metido la pata. Sin importar si es una de mis hijas o uno de mis hijos. Todo va a estar bien.

En realidad, de eso es lo que trata este libro. Tan solo un papá que hace su mejor esfuerzo para comunicarse con ustedes y decirles: «Vamos, gente bella, todo va a estar bien».

Como el experto mundial principal de lo que significa equivocarse con la realeza[1], entiendo que solo tenemos una oportunidad para vivir. No hay sustituciones, intercambios ni reembolsos para nuestras experiencias.

Todos estamos abriendo este libro con nuestras propias experiencias de trauma, consecuencias y dolor debido a decisiones que hemos tomado. Todos caminamos a través del dolor de decisiones que otros han tomado con respecto a nosotros y decidimos cómo reaccionar a esos momentos en formas que, con suerte, nos dan vida. A veces hacemos eso de maneras que sean saludables y provechosas. Otras veces no tanto.

Y está bien. Eso forma parte de ser humano. Como padre, mi trabajo no es tratar de invalidar tus sentimientos ni decirte que, a pesar de lo que sea, todo va a ser arcoíris y mariposas. En primer lugar, puede que seas una de esas pocas personas que odian los arcoíris. O tal vez seas alérgico a las mariposas. No estoy aquí para minimizar tus situaciones ni para de alguna manera insinuar que no son tan malas como parecen. Eres libre para experimentar cada sentimiento tan profundamente como puedas, y eres libre para permitir que la sanidad te inunde y te lleve a nuevas alturas.

Es para eso que estás aquí.

Yo estoy aquí solo para contarte algunas experiencias que espero que puedan modificar un poco tu perspectiva, a fin de que veas que todo, de alguna manera, se está usando para transformarte en alguien mejor de lo que eras antes.

Tu perspectiva tiene un poder mayor que tus circunstancias: la forma en que te ves a ti mismo, al mundo, a las personas que te rodean. En cada situación, tú decides si vas a ser un vencedor en vez de una víctima. Reconocer que eso no te está pasando *a* ti, sino *por* ti. Ya sea por ti personalmente, o para que un día ayudes a otra persona.

Puedes sacar más de tus errores de lo que perdiste con ellos.

Tus fracasos pueden alimentar tus temores o plantar tus bendiciones. Tú eliges.

> Tu perspectiva tiene un poder mayor que tus circunstancias.

En lo que a mí respecta, estoy tratando de ser mucho menos como *el Pollito exagerado*, siempre gritando «¡El cielo se va a caer!» y mucho más como Louis Prima cuando canta: «Si siempre llueve, ¡llueven monedas del cielo!»[2]. Y no podemos olvidar al Shooby Dooby. Ese es clave. Quiero ser un tipo como Shooby Dooby que ve las tormentas, las cosas malas y las idioteces como si estuvieran pasando por mi bien: formándome, moldeándome, madurándome, moviéndome.

Todos estamos moviéndonos hacia algún lugar, convirtiéndonos en algo. Moviéndonos hacia adelante o hacia atrás. Arriba o abajo. A la izquierda o a la derecha. Casi nunca tenemos la opción de quedarnos estancados. No es así como funciona la vida. ¿Y acaso no sería aburrido si fuera así? Pienso que muy pronto seríamos como una capa de algas, que apesta y está llena de mosquitos. Sin embargo, no somos una capa de algas. Somos gente bella. En un viaje bello, con errores y todo. Y al final de este viaje, en realidad todo va a estar bien. ¡Así que avancemos!

CAPÍTULO 2

EL ARTE DEL FRACASO ÉPICO

Voy a correr el riesgo de parecer que estoy en un programa de autoayuda de doce pasos...

Hola, mi nombre es Stephen, y soy un completo fracaso.

De la clase de fracaso épico. Sé que quizá la palabra *épico* esté tan trillada en la actualidad que tal vez entornaste los ojos, pero el significado real de la palabra denota una historia absurdamente larga que es tan estrafalaria que resulta un poco difícil de creer.

Sí, así mismo.

Las personas a menudo citan a Mark Twain por haber dicho una vez: «El informe de mi muerte ha sido grandemente exagerado»[3]. Ya sea que dijera exactamente estas palabras o que la misma cita se haya exagerado con el tiempo para parecerse al propio estilo de Mark Twain, tal vez esta sea su «cita» más cómica y digna de publicarse en Twitter porque, como sabes, no es posible exagerar un hecho fisiológico y científico como ese, incluso en el caso de Samuel Clemens con su exuberante sobrenombre. O estás vivo o estás muerto.

Por supuesto, las personas han exagerado las historias desde que existen los idiomas. Ya sean los noticieros o las películas «basadas en una historia real», la idea es contar la mejor historia posible, incluso si eso significa cambiar la historia un poquito.

Yo mismo soy más o menos un contador de historias, y soy famoso por usar hipérboles de vez en cuando para hacerme entender y hacer reír. No obstante, por amor a la verdad y la transparencia, voy a refrenarme de exagerar en este libro.

Sin embargo, creo que es posible que haya momentos en los que te cueste creer que en realidad sea tan tonto. Quizá no. Quizá compraras este libro sabiendo lo tonto que puedo ser, y estás aquí disfrutando tus palomitas de maíz como Michael Jackson en su vídeo musical «Thriller», mirando cómo se accidentaba el tren.

Es más, si me conoces un poquito, es probable que tengas tu propia colección de cuentos de mi propia estupidez y puedas ser testigo de cuántas veces he hecho algo «al estilo Stephen» justo frente a tus propios ojos. De hecho, envié un texto a todos mis amigos e incluso les pregunté a mi esposa y a mis hijos: «Oigan, ¿cuáles son algunos de los momentos "Stephen" que recuerdan y que puedo incluir en este libro?». Algunos eran demasiado vergonzosos para mí como para incluirlos aquí, pero todos nos reímos mucho mientras escuchaba sus perspectivas sobre mis fracasos épicos de antaño, o de la actualidad (todo es más sofisticado con palabras rebuscadas). Pero algo me vino a la mente mientras escuchaba y, en realidad, pensé: *¿Cómo puedo estar vivo todavía?*

Pensando en eso, creo que la única razón por la que probablemente todavía camino es que he aprendido el arte del fracaso épico. Es un arte sutil y no tan elegante como otras formas de arte. Sin embargo, su belleza es que cualquiera puede aprender el arte del fracaso épico. No tienes que nacer con la inteligencia de Einstein, la garganta de Adele, las branquias y la envergadura de Michael Phelps ni la oreja derecha de Van

Gogh. Por supuesto, tendrás que ir a la escuela para aprender este arte. Sin embargo, esta escuela es más un entrenamiento en el lugar de trabajo. Una escuela rigurosa. En cambio, si aprendes los tres principios básicos, te convertirás en un *verdadero* artista de fracasos épicos.

Los tres principios del arte del fracaso épico

1. El fracaso no es el final.
2. No eres tus errores.
3. Tus fracasos no tienen que *definirte,* pero pueden *refinarte.*

Parece bastante sencillo, ¿cierto? Si alguna vez has sido víctima de tu propio fracaso o, lo que es peor, has herido a otra persona, sabes de primera mano que esto es mucho más difícil de lo que parece. Por tanto, corriendo el riesgo de hacer que los tres principios parezcan demasiado como un cliché, los desempacaré esperando que tú, mi aprendiz padawan, seas algún día un dedicado artista del fracaso también. Porque al final del día, si hay algún tema de la verdad en el que puedo usar mi experiencia para ayudarte, ¡es que todo va a estar bien! Sin importar lo mala que se ponga la situación, sin importar lo desesperada que se seienta ni lo desalentador que parezca, *todo va a estar bien.*

EL FRACASO NO ES EL FINAL

En 1921, después que lo despidieran de su empleo en el periódico local por no ser lo suficientemente creativo, un joven y valiente genio comenzó su primer estudio de dibujos animados en el corazón del Medio Oeste, el estudio Laugh-O-Gram.

EL ARTE DE EQUIVOCARSE

Lleno de sueños y motivación, este joven era la definición de la creatividad, e hizo que las ofertas de películas de Laugh-O-Gram estuvieran listas para triunfar. Solo había un problema. Sus distribuidores lo estaban engañando, y no demoró mucho en que su nueva empresa fracasara, lo que dejó el estudio en bancarrota en tan solo un par de años.

Si eso no es una caída épica, no sé qué es. Decidió mudarse a la costa oeste y empezar de nuevo: un nuevo estudio que no se guiaba por ninguna de las reglas, sino que, por el contrario, escribió todo un nuevo libro de reglas, dejando asombrado a todo el que conocía su trabajo. Cambió el rostro del entretenimiento en todas las formas imaginables, creando innumerables personajes icónicos y estimulantes experiencias que saturaban todos los sentidos y que alimentaron la imaginación de generación tras generación de todas las naciones, edades y estilos de vida, ¡incluso mucho después de su muerte!

Cincuenta y nueve veces nominado a los premios de la Academia y con veintidós premios más adelante, el joven genio dijo: «Todas las adversidades que he tenido en mi vida, todos mis problemas y obstáculos, me han fortalecido... Quizá no te des cuenta cuando sucede, pero un jarro de agua fría puede ser lo mejor que tiene el mundo para ti»[4]. En otras palabras, *el fracaso no es el final*. Si todavía no lo has adivinado, el nombre de ese brillante hombre que cambió el mundo es Walt Disney.

Como ávido fanático de Disney, ¡estoy increíblemente agradecido de que haya continuado! ¿Qué haría con mis siete hijos en los largos viajes de carretera si no pudiéramos poner «Un mundo ideal», «El círculo de la vida», «Mucho más allá» o «¡De nada!» y cantar junto con ellos a todo pulmón durante horas y horas?

Walt Disney se encuentra junto a innumerables hombres y mujeres que cayeron profundamente y supieron levantarse para hacer algo aun mayor de lo que imaginaban posible. Artistas, atletas y activistas. Hombres de negocio, inventores brillantes e ingenieros bioquímicos. Desde Steve Jobs hasta Michael Jordan hasta el coronel Sanders, incluso Abraham Lincoln y Oprah, algunos de los más grandes contribuyentes a este mundo grande, hermoso, delicioso y tecnológicamente avanzado en que vivimos han sufrido fracasos épicos, pero decidieron que eso no fuera su final.

A Thomas Edison le salió bien el bombillo después de mil intentos fallidos. Sí, lo leíste bien. Toda mi vida he escuchado que «a la tercera va la vencida». Decir «a las mil veces va la vencida» no tiene la misma resonancia. Sin embargo, después de tantos fracasos, Edison no desistió.

Cuando un reportero le preguntó cómo se sentía fracasar mil veces, la respuesta de Edison es muy famosa: «No fracasé mil veces. El bombillo fue un invento con mil pasos»[5]. Nuestros fracasos son tan solo pasos hacia algo mejor. Levántate y sigue avanzando. El fracaso no es el final. Puede que tan solo sea el paso más importante en tu viaje hacia algo nuevo.

TÚ NO ERES TUS ERRORES

Cuando era niño, prácticamente adoraba a Garth Brooks. Estaba en la corta lista de mis más grandes héroes de la música. Compositor brillante, artista genial, músico magistral, su música cautivó al mundo entero con un álbum de platino tras otro, mientras llenaba estadios noche tras noche. Fue prácticamente rey en su género musical, una celebridad exuberante que definió la música *country* en los años noventa. Tenía todas las grabaciones y había memorizado todas las canciones, incluyendo hasta la última inflexión y la última vibración que usaba en cada palabra. Era fácil darse cuenta de que era un fanático.

No obstante, en 1999, el buen Garth tuvo un *pequeño* desvío y creó un *alter ego* de una estrella de rock llamada Chris Gaines, quien esperaba que lo iba a ayudar a salir de su superestrellato en la música *country* y pintar con algunos colores diferentes. En realidad, era parte de un gran proyecto documental de imitación, pero la idea era sin lugar a dudas tan fuera de lo normal que incluso sus mayores fanáticos no se identificaron con ella.

Creo que la razón principal era que las personas realmente no sabían qué hacer con este nuevo Garth Brooks. ¿Era Garth? ¿Era Chris? ¿Qué le había pasado en el pelo? ¿Y el maquillaje? ¿Era esto una broma? ¿Una crisis de la mediana edad? ¿Por qué crear un *alter ego*? ¿Y qué era esa música? Garth era el *rey* de la música *country*, pero esto no se parecía en nada a sus éxitos. Para colmo de males, todo se suponía que culminara con una película que le diera sentido a aquello, pero la película nunca se materializó, ¡y las personas se quedaron preguntándose qué rayos había pasado con su cantante favorito!

Si intentas buscar a Chris Gaines en Google hoy, no encontrarás muchas cosas buenas. Aunque el álbum se convirtió en un éxito comercial tremendo[6], vendiendo con el tiempo más de dos millones de discos y llegando al segundo puesto en la lista de *Billboard* 200 (con canciones que han versionado muchos artistas, ¡incluyendo a Childish Gambino![7]), Garth dijo en una entrevista con Yahoo Music: «Todavía me duelen las costillas de que me dieron una paliza por eso»[8].

No obstante, a pesar de todo, incluso ahora si entrara en un karaoke, puedes apostar tus últimas dos monedas a que cantaría «Friends in Low Places». Y lo mismo harían todos los presentes a todo pulmón junto conmigo. Garth no permitió que su fracaso lo definiera. ¡Todavía es uno de los diez cantantes de música *country* mejor pagados de todos los tiempos! Todavía llena estadios. Porque *no es Chris Gaines;* es el fenomenal *Garth Brooks.* Escúchame. No eres tus errores.

TÚ. NO. ERES. TUS. ERRORES.

No eres tu bancarrota ni tu divorcio. No eres tus amistades rotas, tus adicciones ni tus buenas ideas que no se materializaron. No eres los dos kilos y medio que subiste el fin de semana ni la membresía del gimnasio que compraste en enero como una resolución de fin de año, pero que todavía no has usado. De hecho, quizá sea el momento de dejar este libro a un lado por un segundo, mirarte a ti mismo en el espejo ahora mismo y decir:

No soy ＿＿＿＿＿＿＿＿ [completa la línea con tu error].
Soy muy ＿＿＿＿＿＿＿＿ [*¡escribe tu nombre aquí!*].

Porque esa es la verdad. Para dominar totalmente el arte del fracaso épico, tienes que practicar el recordarte a ti mismo que no eres tus errores. Tienes que recordarte quién eres en realidad. Alguien que se creó de manera maravillosa a imagen de un Dios absolutamente

> Tienes que practicar el recordarte a ti mismo que no eres tus errores.

asombroso que te ama[9]. Completamente único. Completamente maravilloso.

Y eso es una gran noticia. ¡Porque vas a fallar! ¡Vas a hacer cosas mal! Aunque eso no significa que no vas a tener que lidiar con las consecuencias de esos fracasos (a veces incluso algunas devastadoras), sí significa que puedes aprender de ellos, crecer y salir al otro lado mejor de lo que eras cuando empezaste. ¡Puedes dejar que te refinen!

NUESTROS FRACASOS NO NOS *DEFINEN*, ¡PERO PUEDEN *REFINARNOS*!

Dado que los fracasos son un hecho si vas a vivir una vida que valga la pena, ¡debes acostumbrarte a aprender de ellos! ¡El fracaso es el mejor maestro, mentor y entrenador personal que tu tiempo puede comprar! Por el contrario, como dijera el quinto hombre más rico del mundo en la actualidad, mientras escribo esto, Bill Gates: «El éxito es un maestro terrible. Seduce a las personas inteligentes con la idea de que no pueden perder»[10].

En su libro *Creatividad S.A.*, Ed Catmull enfatiza mucho que el corazón de la cultura y el éxito de Pixar es su insistencia en fracasar en grande, de manera hermosa, rápido y con frecuencia. En casi todas las reuniones, preguntan cómo fracasaron esa semana y qué aprendieron de su fracaso. En vez de evadir el fracaso, lo aceptan y crecen gracias a él porque, según las palabras de Ed: «Si no estás experimentando el fracaso, estás cometiendo un error mucho más grave: te mueve el deseo de evitarlo»[11].

Definitivamente tengo a mi favor eso de fracasar en grande, rápido y con frecuencia, aunque no estoy muy seguro de que haya llegado ya a la parte hermosa... a menos que consideres las cosas bellas que pueden surgir cuando te equivocas.

En los capítulos siguientes, voy a contarte mil millones de cuentos de mi estupidez que me conduce a mis propios fracasos épicos y todas las lecciones locas que he aprendido a lo largo del camino como resultado. Está bien, prometo no exagerar. Tal vez no sean mil millones. Aun así, es probable que sean treinta y dos.

Por cada fracaso épico, tienes al menos una forma en que te puede refinar. En cada uno de mis fracasos, mi objetivo todavía es obtener más de él que lo que perdí por su causa. Ya sea aprender a ser un poco más amable con tus palabras o crecer en tu gratitud. O quizá sea aprender que sí, los límites de velocidad sí se aplican a ti. Quizá sea aprender a ir más despacio o a ser más paciente contigo mismo y con otros. O tal vez sea solo que, en realidad, eres importante. Tienes un valor y un mérito más grande de lo que te puedes imaginar. Yo he tenido que aprender todo eso, y mucho más, a las malas, empleando el arte del fracaso épico.

¡Me gustaría decir que ya lo aprendí! Pero la verdad es que es probable que, *en realidad,* todavía tenga mil millones de fracasos épicos en lo que me queda de vida. Y, aunque eso puede parecer un poco desalentador en primera instancia, lo cierto es que es todo lo contrario. Porque si puedo dominar completamente este arte del fracaso épico, significa que voy a crecer más. Que me voy a refinar más. Y el Stephen que conocerás dentro de un año será mucho mejor que el Stephen que está sentado aquí escribiendo estas palabras.

Todos estamos en nuestro propio viaje y, a pesar de la cultura de cancelación en que vivimos, las personas son personas en cualquier lugar a donde vas. Falibles. Hipócritas. Hipercríticas. Con esa actitud de soy más santo que tú con respecto a nuestra moralidad (desde el punto de vista religioso, político o cualquier otro), y con una gran necesidad de gracia.

Quizá, solo quizá, nuestros fracasos nos harán lo suficientemente humildes como para tener auténtica (no planeada ni calculada) misericordia, empatía y compasión unos por otros y por nosotros mismos. Quizá cuando caigamos y nos levantemos las veces suficientes, empezaremos a ver el patrón de que, sin importar lo mal que se pongan las cosas, la realidad es que todo va a estar bien.

Hace poco me obsesioné con el programa de televisión *Ted Lasso*. No porque me obsesione el *soccer* o fútbol, como lo llama el resto del mundo. Solo tenemos que ser diferentes, así que lo llamamos *soccer* y tenemos un deporte diferente por completo llamado fútbol americano. Es como usar libras, Fahrenheit o millas. ¿Por qué tenemos que hacerlo todo tan confuso? Sin embargo, lo lamentable es que los estadounidenses son rebeldes y les encanta reinventar la rueda, supongo.

Creo que el éxito desmedido de *Ted Lasso* se puede atribuir a su capacidad aparentemente ilimitada de mantener la esperanza en una temporada donde pienso que todos estaríamos de acuerdo que necesitábamos más esperanza. Podría parecer un poco ingenuo y hasta tonto en ocasiones, pero su ola de optimismo contagioso encuentra la forma de cambiar la marea incluso en los días más oscuros y en los más crasos errores. Ablanda al corazón más duro y más cínico. Anima a los más oprimidos, aquellos que están pensando: *Querido Dios, ¿qué hice? ¿Estoy acabado?*

¿Fallaste? No hay problema. Inténtalo otra vez. ¿Te equivocaste *otra vez*? Muy bien. Solo es otro paso en el camino para hacerlo bien. «¿Sabes cuál es el animal más feliz? El pez dorado. ¿Sabes por qué? Tiene una memoria de diez segundos»[12].

Parece exageradamente simple cuando tratamos de pensarlo demasiado. En cambio, si lo comparamos con la alternativa de obsesionarnos interminablemente en nuestros fracasos y permitir que estos nos paralicen y nos impidan avanzar, voy a escoger ser un pez dorado, levantarme y seguir pateando.

Nuestros fracasos nos enseñan resiliencia. Nos ayudan a reformar nuestra perspectiva sin reescribir la verdad. No solo se trata de seguir avanzando a pesar de lo que salió mal, sino de avanzar con la sabiduría que ganamos duramente debido a nuestro error.

Sin importar lo mucho que nos hayamos equivocado, el sol todavía saldrá y pintará el cielo con un millón de arreboles de gracia, como si Dios estuviera gritando: *Todo va a estar bien. Yo tengo el control. No te he olvidado. Todavía soy fiel. ¡Solo confía en mí!*

Esa no es una oración trillada de optimismo ingenuo ni de fe ciega. Ese no soy yo convertido en un animador atolondrado que se tapa los ojos y los oídos, y grita cosas positivas. Eso es una verdad espiritual respaldada por hechos científicos, a pesar de que parezca poético. Puede que este día sea el peor de tu vida hasta ahora. No obstante, a pesar de lo enorme que se sienta y que sea todo lo que está sucediendo en tu mundo, el mundo es mucho más grande que tú y yo, y hay un millón de cosas asombrosas que están sucediendo en este mismo instante que le dan sentido a todo nuestro caos, incluso si todavía no podemos hallar el significado.

Tu caos es diferente al mío. Aun así, el caos es caos y, sin importar quién seas, todos tenemos días en los que sentimos que no podemos tener un descanso ni un respiro. Esos son los momentos en los que tenemos que reformar nuestra perspectiva

> Sin importar lo malo que se ponga nuestro mundo, siempre hay más belleza que quebranto.

y aceptar la verdad de esta esperanza: *Sin importar lo malo que se ponga nuestro mundo, siempre hay más belleza que quebranto.*

Sucede que soy cristiano; no obstante, aunque estoy escribiendo desde un punto de vista de fe, no estoy tratando de hacer que nadie se trague nada ni de forzar mi fe en alguien.

No soy más santo que tú. No soy, literalmente, más santo que nadie.

Sin embargo, es precisamente *debido* a mi fe que puedo mirar el valle de huesos secos, los escombros de mis errores pasados y todas las cosas brutales que me han pasado, y levantarme, secarme la sangre y el sudor de la frente y saber, sin duda alguna, que todo va a estar bien. Alguien está trabajando para hacer que todo obre para mi bien. Debido a que el mismo Jesús cargó todos esos errores en la cruz y murió allí por ellos, y por mí, puedo confiar en que Él endereza todas las cosas.

Mis fracasos no me definen porque ya Él me definió. Mis errores no son mi identidad porque Él ya me ha dado una mejor identidad. Sin importar lo equivocado que estaba Woody, al final del día Andy todavía era el nombre en el talón de su bota. Y yo tengo un mejor nombre que Andy escrito en la mía.

Puede que todavía tú no estés allí. Lo entiendo perfectamente. También he estado ahí. Incluso ahora, tengo más signos de interrogación que de exclamación flotando en mi cabeza con respecto a la fe, a Dios, a la vida y a todo lo que está en el medio. Hay muchas más cosas que no entiendo que las que entiendo.

No sé por qué sufrimos, pero todos sufrimos. Si has estado vivo más de tres minutos, sabes que eso es cierto. No sé por qué pasan cosas malas, pero a todos nos pasan: lo bueno, lo malo y lo feo. (Excepto que ninguno de nosotros es feo. ¡Somos, después de todo, gente hermosa!).

No obstante, lo que sí sé es que, en cada ocasión, mi sufrimiento me ha enseñado a perseverar con paciencia, como un bisturí que corta toda la basura y que me muestra que todas las cosas en las que había puesto mi esperanza no pueden satisfacerme en realidad. La mayoría de los errores que he cometido han sido el resultado de poner la mira y confiar en cosas equivocadas.

En esos momentos, llego a una encrucijada sobre qué creer. Me puedo sentir tentado a permitir que mis fracasos me definan. El Señor sabe que otras personas tratarán de definirme por mis fracasos. Es la naturaleza humana. Tal vez nos haga sentir mejor con respecto a nosotros mismos el reducir a otras personas a sus errores más grandes. Parece ser una extraña forma de aumentar tu valor a expensas de otros, pero todos somos tentados de hacer esto a veces.

UN CASO DE CONFUSIÓN DE IDENTIDAD

Todo el mundo está tratando de darte una identidad. Pero ese no es quien eres en realidad. He tenido más casos en mi vida de confusión de identidades de los que puedo contar.

Toda mi vida me han llamado el vaquero espacial. (Gracias a la banda de Steve Miller). En todas las presentaciones, las personas me preguntan si soy un bromista, un fumador o un consumidor de marihuana. Que conste, no soy nada de lo anterior, aunque *El Caballero Oscuro* es, hasta este día, una de las mejores películas que se hayan hecho, y sí me gusta ahumar una buena costilla de vez en cuando. Además, lo cierto es que quiero volar como un águila.

Tener un nombre como Stephen Miller viene con un conjunto de retos únicos, y he pensado en cambiarme el nombre más veces de las que puedo contar. ¡Pero ya he avanzado mucho como para regresar! Tal vez solo cree un *alter ego* y lo convierta en superestrella y lo llamo algo así como Benedict Cumberbatch, principalmente porque es el nombre con la pronunciación más graciosa del mundo y no creo que me confundan con nadie más.

Cuando estábamos adoptando a Penélope y a Lincoln, a quienes trajimos de China, un día mi cuenta de Twitter empezó a llenarse de tuits llenos de odio dirigidos a mí, el verificado @StephenMiller, llamándome por los nombres más atroces y diciéndome las cosas más terribles. Supe esa semana que soy un vampiro nazi cuya familia merece que la asesinen, y que me veo como un dedo gordo gigante cuya madre debió haberlo ahogado cuando nació. Y eso es solo un ejemplo de los comentarios que califica como apto para todas las edades. ¡Estaba completamente confundido y no tenía la más mínima idea de por qué me decían todas esas cosas!

¡Resulta que había en el mundo otro Stephen Miller con el que me estaban confundiendo! Eso no es de sorprender en un mundo de más o menos ocho mil millones de personas, más o menos mil millones de ellas se llaman Stephen Miller. Sin embargo, este Stephen Miller en particular estaba trabajando en la Casa Blanca y había acabado de hacer una entrevista en un noticiero de televisión. Las personas estaban encolerizadas con él, por decirlo de la mejor manera. ¡Así que decidí usar ese caso de identidad equivocada para un buen fin! Escribí: «Si cada uno de los que me están diciendo cosas ahora mismo donara algo para ayudarnos a traer a nuestros hijos a casa desde China, es probable que algo bueno salga de todo esto. #ElAmorGana».

Era una situación tan absurda que los periódicos locales la cubrieron y luego la transmitieron en estaciones de noticias de todo el país. Algunos de los odiadores se dieron cuenta de que era un caso de confusión de identidades y que estaban tratando, sin piedad, de destruir al Stephen Miller equivocado, y se sintieron conmovidos por nuestra historia, ¡así que ese día reunimos dos mil quinientos dólares para nuestros costos de adopción!

En cambio, el mejor caso de confusión de identidades me pasó en el 2014. Estaba hasta el cuello, sentía que me estaba ahogando, esforzándome para proveer para cinco hijos con el salario de un pastor, lo que se parece bastante a ser el jefe de un circo, solo sin la estridente voz de barítono de Hugh Jackman, o sin los abultados bíceps y las asombrosas acrobacias de Zac Efron. Así que decidí hacer Uber para ganar un poco más de dinero. En esa época vivíamos en Austin, Texas, y había escuchado que en realidad podías ganar un buen dinero manejando cuando había algún evento importante de los que siempre estaban haciendo en la ciudad.

Esperé y esperé para que me aprobaran como chofer, solo para ver interrumpida mi visión de nadar en una caja llena de monedas de oro como Rico McPato por una sorprendente carta en la que me decían que me habían rechazado como chofer. Al parecer, tenía una orden judicial por mi arresto en Míchigan por asaltar a un oficial, provocar un incendio y *cometer asesinato*. Llamé para explicar que aquello era un error y que tenían a la persona equivocada.

Revisaron meticulosamente todos los papeles y se dieron cuenta de que el Stephen Miller en cuestión en realidad no era Stephen Daniel Miller, sino Stephen David Miller, y estaban ante un caso de confusión de identidades.

Justo cuando pensé que eso sería lo último que escucharía sobre el otro Stephen Miller, una semana después nos pararon en Luisiana porque supongo que unos tipos en una Suburban, arrastrando un tráiler blanco, parecieron sospechosos.

Mi banda y yo acabábamos de dirigir la adoración en un evento estudiantil y teníamos un fajo de billetes en la puerta que prácticamente se cayó cuando el oficial me pidió que me bajara del vehículo.

—Eso es de vender droga a un grupo de chicos —dije mientras me registraba, sin darme cuenta de lo mal que parecía eso a los oídos de un policía que pensaba que yo era traficante de drogas.

—Oh, ¿de veras? —dijo—. Necesito ver tu ID y tu seguro.

Le entregué los documentos, y me hizo sentar en el césped al lado de la carretera mientras su compañero revisaba nuestro tráiler y entrevistaba a los chicos de la banda uno por uno. Luego el policía regresó y preguntó con mucho nerviosismo, con la mano puesta en el estuche de su revólver:

—Stephen, ¿cuándo fue la última vez que estuviste en Míchigan?

—Nunca he estado en Míchigan, señor.

—Bueno, hay una orden judicial para tu arresto en Míchigan por asalto a un oficial, provocación de incendio y asesinato.

Me reí con una de esas risas extremadamente nerviosas, tratando de esconder el temor paralizante que me estaba abrumando por dentro.

—Señor, tengo una historia graciosa sobre eso. Resulta que hay 3 000 000 482 Stephen Miller en el mundo, de los cuales 119 000 tienen la D como la inicial del segundo nombre, y sucede que hay un Stephen David Miller en Míchigan que me frustró el intento de convertirme en chofer de Uber la semana pasada, y creo que ese es el tipo que están buscando, pero no soy yo. Todavía me molesto un poco cuando me acuerdo de eso. Si necesita alguna otra prueba de identificación adicional se la doy con mucho gusto, pero tiene al tipo equivocado.

Se rio mientras regresaba a su auto, y luego volvió para dejarnos ir y se despidió diciendo:

—La luz trasera izquierda está desprendida. Arréglenla.

Como podrás imaginarte, aquello fue bastante estresante. Creo que perdí cuarenta y dos de mis mejores cabellos ese día. Pero lo loco de eso es que, a pesar de todas las personas que trataron de decirme que yo era Stephen David Miller, alguien que estaba huyendo de la ley por asalto, incendio provocado y asesinato, no soy Stephen David Miller. Soy Stephen Daniel Miller. Las personas no pueden darme la identidad de otra persona. Ese no es su trabajo. Ese no es su derecho.

Lo mismo sucede con nuestros errores. Sin importar lo mucho que la gente trate de darnos nombres según las cosas que hemos hecho mal, ese no es su trabajo. Ese no es su derecho.

Por supuesto, las consecuencias de nuestras acciones influirán en la forma en que algunas personas nos ven. Puede cambiar la libertad que tengamos en ciertas situaciones, es posible que cambie hasta todo nuestro futuro. Con toda seguridad, si fuera *de verdad* un asesino, el resultado final del encuentro con el policía o con Uber, habría sido completamente diferente.

No estoy diciendo que no tengamos que lidiar con las ramificaciones de nuestros fracasos épicos. Sin embargo, estoy diciendo que, aunque nos pueden delatar, no nos pueden definir. Y a veces las consecuencias nos ayudan a formarnos más que los propios errores.

Nuestros fracasos no nos roban la identidad y el propósito que Dios ya nos ha dado. De hecho, nos pueden encaminar más hacia ese propósito. Después de todo, Él es quien más o menos originalmente escribió los principios del arte del fracaso épico. Solo estoy tratando de robar sus ideas, pero estoy bastante seguro de que son de dominio público, así que, si tú no lo dices, yo tampoco.

Tu fracaso no es el final. No eres tus errores. Tus fracasos no tienen que *definirte*, pero pueden *refinarte*.

Aprendamos juntos a convertirnos en artistas del fracaso épico. Porque hay mucha vida del otro lado.

CAPÍTULO 3

PALOS Y PIEDRAS ME PUEDEN ROMPER MIS HUESOS, PERO LAS PALABRAS ME PUEDEN MARCAR PARA SIEMPRE

—¿**Q**ué tiene la canción que no te gusta? Miré con fijeza a mi nuevo jefe (tú sabes, el tipo que aprueba mis cheques de pago y, por consiguiente, mi habilidad de proveer para mi gigantesco ejército de niños, ese tipo) al otro lado de la habitación, totalmente consciente de que mis palabras podían ser las últimas que dijera como empleado de esa iglesia en particular.

—Es decir, tú sabes… solo creo que podría ser mejor.

—Sí, seguro, pero ¿qué es lo que se puede mejorar en ella?

Fuimos ronda tras ronda por lo que me pareció una eternidad, aunque en realidad fueron solo diez segundos, y empecé a hacer gimnasia mental para encontrar la forma más inofensiva de expresar un sentimiento intangible como es la preferencia musical/lírica, pero antes de que pudiera detenerme, las palabras salieron de mi boca como proyectiles, recorriendo sin piedad el camino para mi propia destrucción.

—Muy bien, si en realidad quieres saber, pienso que la letra se parece a algo que escribiría mi hijo de ocho años.

Ay, mi madre. ¿En realidad acabo de decir eso? El mundo se movió en cámara lenta mientras mi jefe levantaba la cabeza a una velocidad que hizo que mi corazón latiera a mil kilómetros por minuto.

—Oh.

La velocidad con que traté de pedalear en marcha atrás en ese momento probablemente me habría dado la victoria en el Tour de Francia compitiendo con Lance Armstrong.

De alguna manera las cosas se arreglaron, en gran parte porque mi jefe tuvo mucha más gracia que la que tuve yo, pero decir que el comienzo fue duro sería quedarme bastante corto.

¿PUEDO TENER UN FILTRO?

Algunas personas tienen un «filtro». Es ese músculo mental que te impide decir *exactamente* lo que estás pensando. Me parece que no tengo uno de esos. No es de sorprender que eso me haya metido en problemas más veces de las que puedo contar.

Como la vez que le dije a mi esposa en medio de una acalorada discusión que no gritara porque, y cito: «No te pega». Me sorprende que todavía esté vivo. Sin embargo, eso se lo debo totalmente a su enorme compasión hacia mí. Tal vez ha influido un poco el hecho de que doy buenos masajes.

Amanda es una de esas mujeres que sabe cómo amar bien a las personas. Tiene el don incomparable de la hospitalidad y esa es una de las formas en que realmente nos complementamos el uno al otro. Es una anfitriona increíble que piensa en los detalles más pequeños, como tener flores frescas, fuentes bonitas y los vasos de vino perfectos para su sangría que cambiará para siempre tu vida.

Como un extravertido que le gusta cocinar, me encanta eso de ella más de lo que puedo describir. Juntos nos divertimos mucho cuando recibimos y atendemos personas en nuestra casa durante una gran cena o una conversación.

Durante la mayor parte de nuestra vida como padres, hemos sido los chicos jóvenes con hijos, bebés criando a bebés, y la mayoría de nuestros amigos no se habían casado ni tenían la más remota idea de tener hijos. Así que, cuando por fin tuvimos amigos invitados que tenían hijos con edades similares a las de nuestros propios hijos, nos entusiasmamos bastante.

Después de una deliciosa cena con canelones de pollo, ensalada César y pan de ajo, la conversación y la sangría empezaban a fluir, y así mismo las risas. Una de sus hijas se acercó, pues estaba teniendo una noche un poco mala y, como lo hacen los niños, se dirigió a su mamá de una manera que me hizo recordar una película.

—¿Han visto la película *Los cazanovias*? (Nota al margen: No apoyo esta película, pero mi cerebro actúa como una esponja, y recuerdo citas de películas mejor que mi propio cumpleaños).

Mi dulce, delicada, atenta y consciente Amanda se puso en estado de alerta. Después de haber estado conmigo durante una década en ese momento, sabía con exactitud cómo funcionaba mi proceso de pensamiento, lo que es un milagro en sí mismo, pues yo todavía no lo sé, y sabía hacia a dónde se dirigía mi mente. Sin embargo, yo era mucho menos consciente del ligero apretón de mano que se suponía que actuara como una señal de alarma para advertirme que me pusiera el filtro y no continuara con mi corriente de pensamiento. Nos dirigíamos hacia una colisión vergonzosa.

—¡Sí, es muy divertida!

—¿Te acuerdas de la parte donde Vince Vaughn está haciendo animales con globos?

—¿Síííí?

—Tu hija acaba de recordarme al niño que decía: "¡Hazme una bicicleta, payaso!".

Solté una risa nerviosa. Nadie excepto yo pensó que era gracioso. Ni siquiera me di cuenta de que era lo más estúpido que podía haber dicho. Por suerte me di cuenta, y tuve la oportunidad de disculparme. No estoy muy seguro de cómo continúas una conversación después de eso. Pero afortunadamente, todavía somos amigos de esta familia maravillosa hasta el día de hoy y, solo para divertirnos, a menudo me recuerdan lo embarazosa que fue aquella primera cena juntos.

En lo que se refiere a las palabras, no tenemos la opción de volver a poner la proverbial pasta de dientes de vuelta al tubo. Aun así, podemos escoger qué hacemos con ellas una vez que salen. Y cómo respondemos incluso a las palabras más tontas puede darnos una sonrisa más bonita luego que todo se haya dicho y hecho.

EL LADO OSCURO DE LA FUERZA

Por supuesto, nunca pienso que estoy siendo grosero. Soy un tipo bastante jovial que prácticamente nunca deja de sonreír. Me encanta sonreír. Sonreír es mi acto favorito. Ves, ahí está otra vez. Solo que esta vez, una película mucho mejor de Will Ferrell.

Incluso con la apariencia alegre que resulta de ser un tipo genuinamente feliz casi todo el tiempo, con los años he aprendido el arte no tan sutil del sarcasmo para hacerme entender. A pesar de que pienso que estoy dejando claro mi punto de vista de la manera más suave posible, a menudo añado sal a la proverbial herida.

Un domingo por la mañana, hace unos años, estaba trabajando con una banda en una iglesia y estábamos tocando una canción que, por alguna razón, no nos salía bien. Sin importar cuánto la pulíamos, no salía bien.

Debido a que he tocado con mi propia banda miles de veces, me he acostumbrado a un nivel de excelencia que probablemente sea irrealista esperar en la mayoría de los equipos de adoración de las iglesias. Lo lamentable es que a medida que aumentaba mi pasión por la excelencia, mi paciencia con los músicos que no están preparados y no hacen las cosas bien era casi inexistente en ese momento.

—¡Paren, paren, paren, paren, paren! —exclamé, parando la canción de repente—. No estoy seguro de lo que está pasando aquí, chicos, pero esto no está funcionando.

Luego, dirigiéndome al guitarrista, busqué en mi extensa base de datos de citas y momentos de películas y, con la más sincera de las intenciones, me esforcé lo más que pude para expresar mi profundo deseo de lograr que la canción saliera bien.

—¿Te acuerdas de cuando en la *Guerra de las Galaxias* Palpatine mira a Luke y luego empieza a dispararle con rayos azules que le salen de los dedos?

—¿Sí? —dijo el guitarrista.

—¿Te acuerdas de cómo Lucas se retuerce en el suelo y empieza a gritar y a llorar porque le duele mucho?

—¿Sí? —dijo un poco más confundido.

—Ese dolor que le hizo gritar tiene que haber sido muy intenso para él, ¿cierto?

—¿Sí?

—Bueno, es más o menos así como me siento por dentro ahora mismo, pues te equivocas en casi todas las notas y siento que estás haciendo mi alma gritar de agonía. ¿Crees que lo puedes hacer bien, o necesitamos saltar esta canción y hacer una diferente?

Como ávido fanático de la *Guerra de las galaxias*, en ese momento tenía una sonrisa nerviosa en el rostro, y pude ver cómo se desvaneció lentamente hasta convertirse en una mueca de rechazo. Me había hecho entender, pero ¿a qué precio? Sin duda, no sin que él sintiera que había herido mortalmente su corazón.

Resulta que *yo* había sido Palpatine, no de la otra forma.

Cuando bajó la cabeza, obviamente desanimado, me dirigí a la banda y les dije:

—Chicos, lo siento mucho. Eso fue un golpe bajo. Debí haber sido más cuidadoso con mis palabras. Ustedes son asombrosos, y los amo a todos.

Luego me dirigí al guitarrista:

—Lo siento mucho. No sé qué rayos estaba pensando. Estuvo totalmente mal de mi parte decir eso. No medí mis palabras y me enfoqué tanto en que la canción saliera bien que de veras fallé en liderarlos y amarlos a todos ustedes. Quitemos esta canción, y hagamos otra que nos sepamos mejor. Lo lamento mucho. Por favor, perdóname.

Me siento muy feliz de que me haya perdonado. Terminó convirtiéndose en un buen amigo a quien amo hasta el día de hoy. De hecho, continuó practicando hasta convertirse en un músico increíble, e incluso ha viajado con mi banda de vez en cuando. Sin embargo, un hombre menos maduro no habría permitido que esa fuera nuestra historia. Me siento muy agradecido por su humildad y madurez.

Casi siempre pienso que soy bastante consciente de lo que digo. Entonces empiezo a escribir recuerdos como ese y me doy cuenta de cuán inconsciente soy en realidad.

Mi esposa me está diciendo ahora mismo mientras le leo esto que es muy probable que para este momento todo el mundo piense que soy un gran tonto y que todos los comentarios de este libro (Ah, por cierto, deja un comentario de este libro en Amazon. ¡Gracias!) van a ser: «Oh, este tipo es un pesado. Y hasta hace como tres minutos pensaba que era un tipo bastante bueno. Muy consciente».

Al mismo tiempo, a menos que me vuelva demasiado crítico de mí mismo, tengo que creer que no estoy solo en esto. Es decir, no estoy tratando de librarme de una buena ni de aflojar las cosas, pero la Biblia tiene algunas cosas que decir acerca del poder de nuestras palabras. Mira Santiago 3:2-8, por ejemplo, que sobriamente nos recuerda:

> Todos fallamos mucho. Si alguien nunca falla en lo que dice, es una persona perfecta, capaz también de controlar todo su cuerpo.
>
> Cuando ponemos freno en la boca de los caballos para que nos obedezcan, podemos controlar todo el animal. Fíjense también en los barcos. A pesar de ser tan grandes y de ser impulsados por fuertes vientos, se gobiernan por un pequeño timón a voluntad del piloto. Así también la lengua es un miembro muy pequeño del cuerpo, pero hace alarde de grandes hazañas. ¡Imagínense qué gran bosque se incendia con tan pequeña chispa! También la lengua es un fuego, un mundo de maldad. Siendo uno de nuestros órganos, contamina todo el cuerpo y,

encendida por el infierno, prende a su vez fuego a todo el curso de la vida.

El ser humano sabe domar y, en efecto, ha domado toda clase de fieras, de aves, de reptiles y de bestias marinas; pero nadie puede domar la lengua. Es un mal irrefrenable, lleno de veneno mortal.

No creo que Santiago esté exagerando las cosas aquí. Me parece que solo está ampliando las palabras de Proverbios 18:21, que dice: «En la lengua hay poder de vida y muerte; quienes la aman comerán de su fruto».

Traducción: Palos y piedras me pueden romper los huesos, pero las palabras pueden marcar la vida de alguien para siempre. No subestimes el poder de tus palabras. Ten cuidado de cómo hablas con las personas. Ten en cuenta que lo que dices puede dañar o sanar.

No tienes que creer lo que yo creo acerca de Dios ni tener mi misma perspectiva sobre las cosas para saber que esto es cierto. Nuestras palabras sí importan en realidad. A fondo. De manera profunda.

NO MANCHES LA ALFOMBRA CON SANGRE

Cuando era niño, me metía en peleas casi todos los días. Como niño en sobrepeso, constantemente me ridiculizaban y se burlaban de mí, a veces por medio de la agresión física, a veces con palabras de las que todavía tengo cicatrices hasta el día de hoy.

«¡Hola, barrigón!».

«¡Hola, gordo!».

O mi favorita: «¡Hola, mamas!».

Muy original. Porque, ya sabes, tenía sobrepeso, así que tenía mamas de hombre. Los niños son ingeniosos.

Siempre me gustó ir a la piscina pública porque, sin faltar una vez, me preguntaban si era un niño o una niña. No ayudó el hecho de que mi voz no se volviera más grave hasta mi último año del instituto, haciendo que mi respuesta «Soy un niño» pareciera poco convincente.

En la clase de gimnasia de la escuela secundaria, los niños me lanzaban piedras y gritaban: «¡Corre más rápido, mamas! ¡Apuesto a que si pongo una dona frente a él, correría más rápido!».

Como un niño bastante tierno, amablemente me volvía hacia ellos y les pedía que dejaran de hablarme así, a lo que respondían: «¿Qué vas a hacer? ¿Sentarte encima de nosotros?».

Un día en el autobús de la escuela, de regreso de un paseo escolar, un chico de octavo grado que era una estrella de fútbol y que era casi medio metro más grande que yo caminó hasta mi asiento y me dijo: «Oye, gordito, estás en mi asiento. Muévete. Ahora».

Como un mecanismo de defensa, para ese entonces me había convertido en un artista del sarcasmo, así que lentamente me enderecé para mirarlo y le dije con la voz más segura que pude sacar: «Puede que yo sea gordo, pero tú eres feo. Puedo perder peso, pero tú siempre vas a ser feo. Lo siento, amigo. La vida es dura. Tal vez el consejero de la escuela te puede ayudar a lidiar con el dolor de todo eso».

En el instante que nos bajamos del autobús, supe que tenía que desaparecer de allí. Caminé lo más rápido que pude hasta el bebedero y traté de mostrarme tranquilo, como si lo tuviera todo bajo control. Pero enseguida que la primera gota de agua me tocó los labios, sentí el dolor estremecedor del puño derecho de este niño contra mi mejilla derecha.

¡Zas! ¡Pum! ¡Paf! (Me imagino que sonó como el viejo programa de televisión de *Batman*, de Adam West.

Tenía la mejilla ardiendo después de tres golpes consecutivos. Sabía que no podía ganar esa pelea. No había manera alguna. Sin embargo, no siempre tienes que ganar con los puños. A veces las palabras son suficientes. Fingí que no había notado los golpes, terminé de beber agua, alcé despacio la cabeza con una sonrisa que me dolía más de lo que jamás hubiera admitido, y dije: «¿En serio, amigo? ¿Es eso lo más fuerte que puedes golpear? A decir verdad, pensaba que eras un tipo bastante fuerte, pero hombre. Tal vez debas ir más al gimnasio y regresar a verme cuando sepas cómo lanzar un puñetazo».

Qué arrogante. Pero funcionó. Mis palabras lo dejaron estupefacto al punto que tuve varios segundos para alejarme e ir a la oficina del director, y llamar a mis padres para que vinieran a buscarme. Podía ver a los niños mirándome a través de la ventana, asombrados de mi mejilla visiblemente hinchada. Menos mal que era viernes y tenía varios días para que los moretones sanaran antes de regresar a la escuela. Menos mal que la única regla que tenía mi papá con respecto a las peleas era: «Si vas a pelear, es mejor que ganes».

Mi mamá añadió una enmienda a esta regla: «No manches la alfombra con sangre». Una mujer inteligente. En la vida real nunca te devuelven el depósito del alquiler, en especial cuando hay manchas de sangre en la alfombra.

Nunca perdí una pelea. Sin embargo, las palabras que algunos de esos burlones me dijeron me persiguieron incluso hasta mis treinta años. En el 2003, bajé cuarenta y cinco kilos y me he esforzado año tras año para no subirlas otra vez porque quería «demostrárselo». Seguro, hay cientos de beneficios para la salud. Seguro, me siento mejor con respecto a mí mismo cuando me miro al espejo y me gusta cómo me queda la ropa. Seguro, quiero estar presente para mi esposa y mis hijos y, con el tiempo, para mis nietos. Ya escogí el sobrenombre que quiero cuando sea abuelo: ¡Abu! Aun así, sé que, muy en lo profundo, siempre estoy luchando contra aquel niño gordo del que todo el mundo se burlaba. Las palabras dejaron profundas cicatrices que me marcaron.

He luchado contra la adicción al trabajo durante toda mi vida adulta, y sé que parte de eso se debe a que, de manera inconsciente, tengo la necesidad de demostrar que ya no soy el niño gordo del que todo el mundo se burlaba. No soy el niño al que le tiraban piedras. No soy el niño al que le echaban Coca-Cola y al que encerraban en el vestidor. No soy el niño al que todas las niñas lo marcaban «no» cuando hacían el cuestionario de «marca sí o no» que yo les daba.

Sé que esto es verdad. Tengo una esposa maravillosa que resplandece con universos enteros de luz y belleza. Es ingeniosa, brillante y muy divertida, y ha escogido amarme a pesar de que conoce todos mis lugares de quebranto más oscuros y profundos. Me anima, me desafía y me convierte en un mejor hombre cada día que pasa. ¡Tengo siete hijos increíbles que me aman y piensan que soy un gran papá! Disfruto cada momento que paso con ellos y he tenido ese privilegio por casi dos décadas.

He tenido bastante éxito en casi todas las cosas que he llevado a cabo, desde administrar tiendas de helado, pizzerías y arenas de rodeo hasta dirección de la alabanza, composición de canciones y fotografía. ¡Incluso hubo una época en que vendí piezas de tractores y no me fue tan mal!

¡Y me encanta de veras lo que tengo la bendición de hacer ahora! Tengo un trabajo que me ha conectado con una comunidad que me apoya de manera increíble en YouTube y que se interesa sinceramente por mi familia y desea vernos triunfar.

Más allá de eso, Dios me conoce y me ama completamente, el Dios que dio a su propio Hijo, Jesús, para que yo pudiera caminar en libertad, con alegría y paz, y me adoptó en su familia para siempre y me ama incondicionalmente.

No tengo *nada* que demostrar. Sin embargo, las dolorosas palabras que me persiguen, con toda seguridad, me tientan a sentirme como me siento. Las palabras me pueden marcar para siempre.

CICATRICES EN TU CORAZÓN

Es probable que tengas esas palabras y frases que se han quedado contigo también. Que han dejado cicatrices en tu corazón y que están escritas en tu mente. Que te hacen retorcerte, incluso décadas después de haberlas escuchado. Quizá de un maestro. Quizá de un padre o una madre o un cónyuge. Tal vez hayas acudido a consejería, a fin de recibir ayuda para sanarte porque a pesar de que no quieres que te afecten, no puedes negar que lo hayan hecho y que aún lo hagan.

La buena noticia es que no eres las palabras dolorosas que te dijeron. Ellas no te definen, pero pueden refinarte. En vez de permitir que las palabras que te dijeron destruyan tu vida, puedes aprender de ellas, crecer gracias a ellas y convertirte en alguien mejor por su causa. Puedes metabolizarlas y usarlas como energía para tu viaje.

Lo mismo es cierto con respecto a las palabras que hemos permitido que salgan de nuestros labios. Hay poder en ellas. Poder para ser un distribuidor de vida o un distribuidor de muerte. Puede que hayas dicho algunas frases que persiguen a otra persona hasta el día de hoy. Puede que las hayas herido en formas que ni siquiera te imaginas y que quizá ni siquiera entiendes. Tal vez también tengas tus momentos de emperador Palpatine.

Nunca es demasiado tarde, en la medida en que depende de ti, para hacer lo bueno. Sin importar cuánto te hayas equivocado.

Empecé a podar y a limpiar céspedes cuando tenía ocho años para tratar de ayudar a proveer para mi familia porque éramos muy pobres. Creo que tal vez por eso siempre he tratado de ser el mejor trabajador. Durante todo el instituto, tuve empleos para ayudar a mi mamá a proveer para la casa cuando mi papá se marchó. No me molestaba trabajar y ayudar. En cierto sentido, creo que esto hizo que creciera un poco más rápido de lo que tal vez hubiera sucedido en otras circunstancias. Sin embargo, en otros sentidos, me inclinó a tener un orgullo inmaduro que me hizo pensar que merecía algo mejor. Nunca lo expresé, pero lo pensaba.

> Nunca es demasiado tarde, en la medida en que depende de ti, para hacer lo bueno.

Así que cuando tenía veinte años y descubrí que mi jefe ganaba cincuenta mil dólares al año mientras que a mí me pagaba cien a la semana, me enojé bastante. Es cierto, era novato y mi trabajo era solo dos días a la semana, mientras que él había pasado más tiempo del que yo tenía de vida pagando sus deudas y puliendo sus equipos, y dirigía toda la operación. Aun así, yo no tenía la perspectiva para entender eso. Sentía que me estaban robando.

Era muy bueno en lo que hacía y no estaba siendo reconocido por el valor que aportaba al negocio. Así que le escribí un feroz correo electrónico: «Siento que estoy trabajando como un loco, dedicando todo este tiempo para hacer de este lugar lo más asombroso que sea posible, y estoy ganando la miserable suma de cien dólares a la semana, ¡mientras que usted gana cincuenta mil dólares al año! Necesito un aumento. Se está aprovechando de mí, y no lo voy a tolerar».

Yo era un chico muy tonto con mucho por aprender. Él me estaba dando la oportunidad de comenzar. Me estaba enseñando y entrenando, y mostrándome el camino. Había escalado un total de cero montañas en mi vida y quería ser tratado como si hubiera conquistado el Everest.

Recuerdo esas palabras pretensiosas y engreídas que escribí, y siento escalofríos.

Aproximadamente quince años después me tropecé con mi antiguo jefe y fue cordial conmigo, sonrió y me dio la mano. Conversamos durante varios minutos e intercambiamos números de teléfono. Mientras conducía a casa, me acordé de aquel correo electrónico. Cuando estacioné el auto, me quedé en el asiento del conductor y le escribí un texto.

Hola, hermano. Fue muy bueno verte hoy. Solo quiero tomar un minuto y disculparme por algo. Puede que ni siquiera recuerdes que te escribí esto, pero cuando estaba trabajando para ti, te escribí un correo electrónico bastante inaceptable acusándote de que te aprovechabas de mí. Fui cruel e inmaduro, y lo lamento mucho. Por favor, perdóname. No estaría donde estoy hoy si no me hubieras dado la oportunidad de aprender, crecer y perfeccionar mis habilidades. Fuiste amable, gentil y paciente conmigo cuando, sin lugar a dudas, no lo merecía. Solo quiero darte las gracias y decirte cuánto significas para mí y cuánto impactaste mi vida.

Cuando di «Enviar», sentí un alivio dentro de mí. Estaba escogiendo no dejar que mi fracaso me definiera a mí ni a mi relación con mi antiguo jefe. Por el contrario, me estaba refinando. Y todo iba a estar bien.

Me respondió:

¡Hola, hombre! Te perdono. Sin duda alguna. No te guardo rencor. A decir verdad, no recordaba eso hasta que recibí tu texto, pero pensando en el pasado, realmente me dolió porque de veras estaba tratando de ayudarte, y, de hecho, mi familia tenía problemas financieros en aquel momento, así que fue algo como otro golpe que no estaba esperando. Es asombroso ver el hombre en que te has convertido, y estoy feliz de haber sido parte de eso. Agradecido por ti y feliz de que nos hayamos encontrado hoy. Y también te agradezco por este texto sanador. Te amo, hermano.

Las palabras pueden herir. Las palabras pueden sanar. Incluso si has usado tus palabras como armas, tu fracaso no es el final. Sin importar lo mucho que te hayas equivocado, nunca es demasiado tarde para arreglar las cosas.

EL PESO DE CADA SÍLABA

Cada vez que la canción «Sorry» de Justin Bieber, se escucha en la radio, una de dos cosas siempre pasa:

1. Termino viendo la interpretación de Obama donde algún brillante editor reunió incansablemente partes de todos sus discursos y las juntó para hacer como que él cantaba la canción. Es muy gracioso, y una vez que lo viste, no puedes hacer como si no lo hubieras visto. Definirá por siempre esa canción para ti.
2. Voy a reemplazar las palabras «your body» [tu cuerpo] con «Pilates» porque los niños están en el auto y prefiero que piensen en el valor de estar en forma y de la salud. Y definitivamente *no* en el cuerpo de alguien. Al menos, todavía no.

Sin embargo, este es el gancho de la canción: «¿Es demasiado tarde ahora para decir lo siento?»[13], y la respuesta es un enfático «¡No!».

No importa cuánto OneRepublic y Timbaland conspiren para mentirte, nunca es «demasiado tarde para disculparse»[14].

Ahora, para ser justo, la persona con quien te estás disculpando tal vez no esté lista para recibir la disculpa ni para perdonarte. Las palabras calan profundamente, y las personas sanan a su propio paso. No puedes forzarlo ni apresurarlo. Y no te deben nada. No te deben su perdón. Ni un cierre a la situación. Nada. En cambio, es ahí donde la frase clave «hasta ahora depende de ti» entra en juego. No puedes hacer que alguien sane. Sin embargo, puedes ser un agente de reconciliación dándole palabras de vida que le pueden ayudar a escoger la sanidad.

Pienso que la mayoría de las personas, en su interior, no quieren estar regodeándose en el dolor que les causaron las palabras dolorosas que les dijeron. ¡Estoy seguro de que yo no quiero! La mayoría de nosotros solo necesita ese pequeño empujón para ayudarnos a perdonar y tener paz.

No obstante, si tuviera que adivinar, muchas personas caminan con heridas que no han sanado y nunca recibirán la mitad de las disculpas que merecen o necesitan escuchar. Es probable que seas una de esas personas. Yo también. Si nosotros necesitamos disculpas, ¿acaso no querríamos ser personas que las ofrecen a otros, tanto por el bien suyo como por el nuestro? Pienso que el mundo sería un lugar mucho más seguro si hiciéramos eso.

Todos vamos a decir cosas que no queremos decir algunas veces, o incluso cosas que queremos decir, pero que no consideramos las ramificaciones de decirlas. Heriremos y torturaremos a otros con nuestros pensamientos expresados sin cuidado. Eso es parte de ser humano. Todos nos equivocamos a veces.

Escúchame ahora: no eres las cosas dolorosas que dijiste. Las palabras descuidadas que dijiste no son la última palabra. El dolor que puedes haber causado no te define, ¡pero puede refinarte!

A medida que envejezco, después de fallar en esto más veces de las que puedo contar, estoy esforzándome lo mejor que puedo para disminuir la velocidad y contar el costo de mis palabras. Estoy aprendiendo el peso de cada sílaba y cada sonido, y las consecuencias de cada consonante y de cada vocal.

Hay un antiguo adagio que dice que Dios nos dio dos oídos y una boca para que escucháramos el doble de lo que hablamos. Me he dado cuenta de que esto es más cierto que nunca en la actualidad. Regresando a la sabiduría de Santiago: «Todos deben estar listos para escuchar, y ser lentos para hablar y para enojarse» (Santiago 1:19).

Estoy aprendiendo a escuchar mucho más de lo que hablo. A animar mucho más que a criticar. A edificar mucho más que a derribar. A guardarme mis pensamientos de vez en cuando. No hay necesidad de saberlo todo ni de arreglarlo todo.

Todavía lo hago mal. Pero en estos días, estoy tratando de no ponerme a la defensiva cuando me equivoco. Más bien admito mi fracaso lo más pronto posible y pido perdón en la primera oportunidad que tengo.

Quiero ser un distribuidor de vida con mis palabras.

CAPÍTULO 4

SI LO VUELVES A POSPONER, SOLO VAS A ARRUINARLO MÁS

Puede que yo sea un caso *ligero* de TDAH [Trastorno de déficit de atención con hiperactividad]. Combina eso con una orientación de soñador y de falta de atención al detalle, y una terquedad general que me impide hacer cosas que no me gusta hacer, y a veces es posible que deje que las cosas vayan *un poco* demasiado lejos.

Como la vez cuando esperé dos años para renovar la registración de mi auto, ¡y me costó setecientos dólares en vez de cuarenta! Eso debió haberme enseñado, ¿no es así? Excepto que literalmente mientras escribo esto, mi registración ha estado expirada por, déjame ver, cuatro meses. La verdad es que no quiero hacer de eso una prioridad, pues no es divertido y tengo mejores cosas que hacer. De hecho, pongo un bloque mental en mi cerebro para olvidar que necesito hacerlo porque sé que se va a arruinar.

Voy a estar en una cola por 123 años y tendré que hablar con una mujer que tiene el pelo azul que odia su trabajo y me grita, y los policías me van a sacar del lugar y me van a incautar el auto. Está bien, tal vez no sea tan malo. Sin embargo, es gracioso cómo la gente nos engaña y nos crea ansiedad al inclinarnos a pensar en los peores escenarios.

Lo gracioso es que tomó solo diez minutos para que una mujer extremadamente amable me dijera que iban a ser setecientos dólares, y entré y salí de aquel lugar a una velocidad récord. Si tan solo hubiera ido un año antes, habría tomado solo diez minutos para que aquella dulce mujer me hubiera dicho que eran cuarenta dólares. La realidad de hacer lo que necesitamos hacer es raras veces tan mala como la ansiedad que crece en nuestra mente con respecto a hacerlo.

> La realidad de hacer lo que necesitamos hacer es raras veces tan mala como la ansiedad que crece en nuestra mente con respecto a hacerlo.

Hace algunos meses, hice un TikTok en el que, de alguna manera, me burlaba de mis hijos (con su permiso, por supuesto, porque me esfuerzo lo más que puedo para no ser un papá terrible). Pretendía ser ellos, llamando para ordenar que me trajeran pizza a la casa, básicamente suplicándole a Dios que nadie contestara el teléfono porque eso de hablar con alguien por teléfono les crea mucha ansiedad, incluso si el proverbial tazón de oro al otro lado del arcoíris es, como dice Kevin McCallister: «Una deliciosa pizza de queso solo para mí»[15].

Tembloroso e hiperventilando: «Por favor, no responda. Por favor, no responda… Por favor, Dios, ¡no responda!».

De repente, el tono se vuelve animado y alegre: «¡Hola, sí! ¡Quisiera ordenar una pizza para entrega!».

La realidad no se pareció en nada a lo que su ansiedad les había hecho imaginar. Nuestra mente nos engaña de las maneras más graciosas.

Como era de esperar, recibí cientos de mensajes de adolescentes: «¡Así soy yo!». Y casi la misma cantidad de mensajes de padres: «¡Se parece mucho a mi hijo!».

¿Cómo permitimos que nuestras mentes nos hagan esto? En realidad, no creemos que todo va a estar bien. Nos preocupamos, tenemos miedo, lo minimizamos todo a la vez, y terminamos perdiéndonos. Por supuesto, no todo es tan simple como ordenar una pizza. Sin embargo, la misma verdad también se aplica cuando ordenamos sándwiches en Jimmy John. O cuando tenemos una conversación difícil con alguien. O cuando arreglamos una llave que está goteando.

FUE SOLO UN PEQUEÑO GOTEO

Tuvimos una casa con el más glorioso patio. Tan bonito como los de la revista *Better Homes & Gardens*. Del tipo que siempre habíamos soñado. Grandes árboles que daban sombra. Un tobogán en el fondo hasta el trampolín. Pequeñas luces decorativas en el techo. Plantas de jazmín en la enramada. Y una mesa para cenar lo bastante grande para nuestra gigantesca familia.

Tanto como fuera humanamente posible durante los más de cien días de más de 38 °C de calor en Texas, pasábamos la mayoría de las horas que estábamos despiertos en aquel lugar, desde el desayuno hasta la cena hasta las lecturas e incluso noches de películas, con proyector, pantallas, cobijas y palomitas de maíz. Era nuestro lugar favorito.

Uno de los pasatiempos preferidos de uno de nuestros hijos era conectar la manguera de agua a la pequeña llave del patio y llevarla hasta el trampolín con un rociador. Por la noche, jugaban y jugaban hasta el desmayo para, literalmente, echarse agua y repetir lo mismo al día siguiente.

Una mañana estaba en la parte de atrás del patio leyendo, disfrutando la tibieza de un cielo sin nubes, con la brisa fresca acariciándome la piel. Era como estar en el cielo. Aun así, al ser una persona, como digo yo, «que se distrae auditivamente», mi atención se desviaba a cada momento debido a un suave y sutil sonido de goteo. Nada estridente. Pero era rítmico. Constante. Cada dos segundos, solo un pequeño goteo en el piso de madera. Estaba empezando a encharcarse, pero nada terrible. Asumí que los niños no habían cerrado bien la manguera y que todo iba a estar bien. Nada que requiriera alguna acción de mi parte en ese momento.

A la mañana siguiente, cuando terminé mis ejercicios matutinos en el patio, el goteo continuaba. Apreté la manguera a la llave, bien apretada. Listo. Trabajo terminado. Misión cumplida. Soy muy bueno arreglando cosas. Merezco un gran premio. Tal vez una bolera. No obstante, me conformo con una lámpara de pie.

La verdad es que soy terrible arreglando cosas. Soy del tipo que deja los muebles en la caja durante meses después que los ordenamos, pues tengo miedo de ese último paso de armarlos, donde me doy cuenta que me salté un paso en el principio y que tengo que desarmarlos y volver a hacerlo todo otra vez.

Y tengo el bono de escuchar una voz en mi cabeza (te aseguro que no estoy loco) que dice: «¡No lo puedes forzar! ¡Deja de tratar de forzarlo! ¡Lo vas a romper!» Al parecer, la fuerza bruta casi nunca es la respuesta. Me he dado cuenta de eso a las malas en más de una ocasión.

Así que esta fue mi racionalización de que estaba haciendo lo que tenía que hacer para sentirme bien conmigo mismo, mientras mi subconsciente alejaba pensamientos sobre mi falta de, digamos, capacidad para resolver problemas de plomería.

Al día siguiente, el goteo se hizo peor. Y al siguiente también. Y al siguiente. ¿Mucha *posposición?*

En realidad, tengo que arreglar eso, seguía diciendo para sentirme productivo mientras pasaba al lado de la llave cada día. Lo cierto es que estaba bastante ansioso con la idea de hacerlo mal. De romperla más todavía. De llamar a un plomero y que me cobrara $2500 para venir. O lo que es peor, podía haber alguna tubería rota atrás de la pared, y tendríamos que echarla abajo y reemplazar toda la tubería. Mis temores se volvieron irritantes bastante rápido. Y el goteo empeoró.

Ahora bien, nunca lo expresé. Ni siquiera sé si me daba cuenta de hasta qué punto estaba racionalizando el deseo de alejar mis temores con la posposición pasiva de *En realidad, tengo que arreglar eso.*

Fuimos durante dos semanas a una aventura al Gran Cañón, y me juré a mí mismo que lo arreglaría enseguida que regresáramos. Incluso creé un recordatorio en mi teléfono para llamar a alguien para ayudarme a arreglarlo el mismo día que regresáramos. Y lo hice. Porque enseguida que llegamos a casa, me di cuenta de la mala idea que había sido no arreglarlo antes de irnos. El goteo se había convertido en un chorro constante, y las vigas de madera debajo empezaban a parecer que se estaban pudriendo. Doblándose. Deteriorándose. Descolorándose. Tenía que actuar rápido.

Llamé a mi amigo Colin, que es un hombre que parece saber de todo y que tal parece que puede resolver cualquier cosa. ¿Mencioné que también toca la guitarra como una bestia, tiene una elegante barba y unos brazos repletos de algunos de los tatuajes más fabulosos que haya visto para completar su personaje del hombre más interesante del mundo? Él es el tipo que llamaba cada vez que necesitaba construir o arreglar algo. Y no solo porque no podía contactar a Dos Equis.

«Hola, amigo, necesito ayuda. Tengo una fuga muy mala en una llave del patio. Ya hace más de un mes. Y no estoy seguro de cómo arreglarla». Le envié algunas fotos, y pasó por Home Depot camino a mi casa para comprar una llave nueva. Sacó un alicate de ocho dólares y, en cinco minutos, el goteo estaba arreglado. Colin me había salvado.

Ah, eso no fue tan malo como me imaginé. De veras me libré de una buena.

Luego llegó la factura del agua, y la segunda parte provocó un estruendo que se escuchó alrededor del mundo.

Antes de decirte la cantidad, permíteme explicarte, el violín más pequeño del mundo empezó a sonar solo para el momento en que abrí ese sobre. Nada podía haberme preparado para el duro golpe que recibí.

Dos mil quinientos dólares. Tuve que escribir eso porque $2500 no tiene el mismo efecto. Dos. Mil. Quinientos. Dólares. De agua. Un simple compuesto de dos moléculas de hidrógeno y una de oxígeno que cubre prácticamente el 71 por ciento de la superficie de la tierra. Tiene que haber sido un H_2O de gran calidad lo que goteó poco a poco durante un mes porque, repito, ¡dos mil quinientos dólares! Todo porque seguí diciendo *En realidad, tengo que arreglar eso* en vez de acabar de hacerlo.

Esas son las cosas que no filmamos para YouTube. Principalmente porque no estoy listo para esa clase de vergüenza. Así que solo lo voy a escribir en este libro y esperar lo mejor, confiando en que alguien pueda aprender un poco de mis fracasos épicos. Equivocarse puede resultar bastante caro a veces.

PERMÍTEME SER FRANCO

Como padre, siempre invento pequeños recordatorios para ayudar a mis hijos a recordar fácilmente las grandes lecciones de la vida: «La procrastinación conduce a la devastación» me parece artístico en primera instancia, pero pensándolo mejor, parece un poco como la idea de algo atractivo para un predicador bautista del sur cuando comienza con el primero de sus tres puntos de su sermón de treinta y tres minutos. Simplemente no tiene la misma fuerza o el mismo tono que: «Si lo vuelves a posponer, solo vas a arruinarlo más».

Todos los padres hacemos eso. Cuando estaba saliendo con Amanda, cada vez que llegaba a su casa para salir con ella, su papá la miraba y decía: «Toma buenas decisiones». Luego se dirigía rápidamente a mí, fruncía el ceño y decía: «No hagas nada con ella que no harías con tu abuela».

A veces la franqueza da mejor resultado.

Así que, permíteme ser franco. Ahora mismo tienes algo en tu vida que sabes que tienes que hacer. Escribir el informe. Hacer la declaración de impuestos. Tener una conversación difícil. Programar una cita con un terapeuta porque estás al filo de una crisis de la mediana edad. Tomar en serio la necesidad de pagar la deuda de tu tarjeta de crédito para liberar tus finanzas. Llamar al médico para que te revise eso que te ha salido. Lo que sea que pueda ser. ¡Puede que sea muy difícil! Sin embargo, te puedo decir por experiencia, si lo vuelves a posponer, solo vas a arruinarlo más.

Cuando miro todos los momentos en mi vida en los que me ha costado postergar decisiones, personas y oportunidades, me doy cuenta de que en casi todas las ocasiones, las cosas se pusieron peor. Si tan solo hubiera hecho lo que tenía que hacer cuando era necesario, habría evitado un problema mucho mayor. Si solo hubiera dado un paso atrás, hubiera mirado de manera lógica y objetiva toda la situación, hubiera acallado las voces de la ansiedad que te muestran el peor escenario, y tan solo hubiera recordado que todo iba a estar bien, habría sido mucho mejor. Con toda seguridad sería al menos $3200 más rico; ¡pero lo cierto es que quizá fuera mucho más que eso!

Sin embargo, este es el asunto. Incluso con la enormidad que he tenido que pagar por evadir las cosas que no quería hacer, *todavía estoy aquí.*

A paser de que mi posposición me ha causado pérdidas más veces de las que puedo contar, a menudo de formas horriblemente devastadoras, todavía estoy aquí. A decir verdad, las veces que he fallado en gran medida, me han dado una humildad necesaria (ser humillado tiene una manera de lograr eso) y, si se me permite decirlo, una sabiduría que no me habría dado haber tomado siempre todas las decisiones buenas. Ni mi procrastinación ni sus consecuencias son el final.

Aparte de lo mal que hayan salido las cosas, esa no es mi identidad. No soy mi posposición. No soy los $3200 que perdí debido a mi paralización. Esas experiencias no me definen, sino que me refinan. Pueden hacerme una mejor versión de mí mismo. Pueden hacerme un mejor esposo. Un mejor padre. Un mejor ciudadano. Un mejor amigo. Oye, incluso un mejor reparador de llaves.

Ahora tengo el beneficio y el privilegio de mirar atrás a todos esos momentos en los que me equivoqué tanto y, a pesar de lo devastadores que fueron en ese entonces y de que causaron más que un poco de tensión entre Amanda y yo (porque qué esposa quiere escuchar que la procrastinación de su esposo les costó la mesa de comedor que querían comprar o el pago inicial de una casa para la que estaban ahorrando), ahora solo nos reímos. Porque vemos cómo salió todo. En retrospectiva, claro que vemos 20/20.

De alguna manera, Dios siempre proveyó para nosotros. Todas. Las. Veces. De los lugares más inimaginables de los que jamás pensamos que llegaría nada. Es más, ha llegado al punto que, cuando recibimos algún cheque inesperado en el correo por algo que habíamos olvidado por completo, nos preguntamos cuál será mi siguiente desastre que Dios nos está proveyendo y cuidando de manera preventiva.

No pienso que la promesa de provisión de Dios me da permiso para continuar siendo un torpe. En realidad, sí trato de aprender de mis errores y de implementar las lecciones aprendidas para evitar más caos en el futuro. Tampoco pienso que me permite apresurarme tontamente a tomar decisiones sin pensar bien las cosas, lo cual es un tipo de antiprocrastinación a la que también me siento tentado debido a mi personalidad. Sin embargo, creo que es otra prueba de que no importa lo que pase, no importa lo mucho que me equivoque, todo va a estar bien.

De modo que, si sé que todo va a estar bien al final de la experiencia, qué tal si empiezo a recordármelo al principio del problema.

«¡Oye, hermano! *[Sí, me llamo a mí mismo hermano cuando sostengo un monólogo interno]*. Sé que estás preocupado. Sé que esto no va a ser divertido, y es probable que lo vaya a arruinar probablemente bastante. Aun así, ¿sabes qué? ¡Tal vez no!

¡Puede que no lo arruine en lo absoluto! Puede que quizá solo sea un poco, pero se arreglará rápido. De todas formas, eres un hombre adulto, y la vida no siempre es juegos y diversiones, ni siquiera para fiesteros como tú. Si sigues postergándolo, solo vas a arruinarlo más. Así que quítate tu pañal, ponte tus calzoncillos de niño grande, hazlo, y recuerda que todo va a estar bien».

No permitas que el miedo a lo desconocido te impida actuar para tu propio bien y para el bien de quienes amas. Tu mente te jugará una mala pasada. Inflará incluso la colina más pequeña hasta parecerse al Kilimanjaro.

Imaginarás de manera inconsciente que el pizzero que contesta el teléfono en la pizzería es, en realidad, un demonio chupasangre que está esperando para escalar por las ondas del aire para apropiarse de tu alma y convertirte en una hueca sombra de humano, que recuerda una escena de *Los muertos andan*.

Lo cierto es que solo se trata de un chico amable que se llama Herbert, a la espera de llevar tus papilas gustativas a un viaje de ida al Pueblo del Placer con su ricura culinaria repleta de queso y de carbohidratos.

SEAMOS REALISTAS

Ahora bien, para ser realistas, a lo mejor todas tus decisiones de no dejar para mañana lo que tienes que hacer hoy puede que no tengan las mismas consecuencias celestiales a corto plazo como ordenar una dichosa pizza, pero de todos modos tienes que hacerlo.

Esa conversación difícil que sabes que necesitas tener puede significar el final necesario de una relación que sabes que no es buena para ti. Puede que te sientas solo durante algún tiempo. Puede que te sientas incomprendido. Cuesta trabajo encontrar nuevos amigos. Aun así, el efecto cancerígeno de una mala compañía ya no te afectará, y serás libre para ser el verdadero tú.

Hablar con un consejero, un pastor, un amigo de confianza o un mentor sabio para que te ayude a sanar de un dolor del pasado podría significar que tienes que enfrentar algunas cosas con las que no quieres lidiar. Va a ser un trabajo difícil y es probable que tome bastante tiempo. Cosas como esas casi nunca se solucionan con una curita ni con clichés.

Hacer tu declaración de impuestos es, literalmente, una de las cosas menos divertidas de la tierra. En cambio, hacerla a tiempo es mucho mejor que recibir una carta en el correo diciendo que van a congelar tus posesiones porque no la hiciste.

No sé cuál es tu asunto. Sin embargo, sé que tienes alguno. Porque eres humano. Excepto por el altamente improbable evento de que seas inteligencia artificial o un gorila en un laboratorio que enseñaron a leer, eres humano. Y todos los humanos tienen *asuntos*.

No sé por dónde estás caminando. Pero sé que estás caminando sobre algo. O tal vez acabas de salir de algo. O estás a punto de entrar. Me he dado cuenta de que prácticamente de eso se trata el ciclo de la vida. O estás en una tormenta o estás a punto de entrar en ella. Por supuesto, no todas las tormentas son iguales.

Puede que la tuya sea pesada, o puede que solo sea la inconveniencia de un goteo o una registración del auto atrasada, o incluso ordenar una pizza por teléfono.

No obstante, al margen de cuál sea tu situación o circunstancia, y me puedes llamar un realista antipático si deseas, tú eliges cómo respondes a ella. Creo que eres gloriosamente libre para agarrar al toro por los cuernos y hacer bien las cosas. No importa lo mal que parezca, es probable que no sea tan malo como piensas, pero de seguro que no es tan malo como se pondrá si dejas que hierva en los jugos de la procrastinación. Evítate a ti y a todos los que te rodean la angustia y el dolor de cabeza. Y el efectivo. Todo va a estar bien.

Ahora, si me permites, tengo una cita en la oficina de registración de vehículos.

CAPÍTULO 5

¡NO HAY ATAJOS!

—¿**S**tephen? —me llamó el director desde el otro lado de su escritorio.

Este era un escritorio con el que me había familiarizado demasiado debido a mis muchos infortunios, pero esta vez tenía como una sonrisita como si estuviera tratando de hacer un esfuerzo por no reírse histéricamente.

—¿Sí? —medio que esperando que sus siguientes palabras fueran una cita de Mr. Belding: "Recuerda que las últimas tres letras de *principal* [así se dice director de escuela en inglés] son "pal" [amigo en inglés] y que eso es lo que yo soy… ¡tu amigo!" Eso no fue lo que dijo.

—¡No tenía idea de que estabas tan bien conectado con celebridades tan fascinantes, Stephen! Cuéntame, ¿cómo conoces a Michael Jordan, Mike Tyson, Troy Aikman, MC Hammer, Michael Jackson, Wayne Gretzky y Garth Brooks?

Empecé a sudar profusamente. A pesar de mi ardiente admiración por cada uno de ellos, en realidad no conocía a ninguna de estas personas. Lo que significaba que se había descubierto mi pequeño ardid.

Volviendo atrás a la semana pasada en una asamblea escolar, un hombre muy amable con un bigote, unos pantalones muy bien planchados y una suave chaqueta de pana le dio un discurso a toda mi clase de cuarto grado con el objetivo de vender papel de regalo navideño. La mesa número uno estaba cubierta de pompa y glamur. Desde rosado brillante hasta rojo oropel hasta verde franela. Cada color deslumbrante de papel que puedas imaginarte en rollos de tres metros, solo esperando para envolver lo que fuera que mi abuela hubiera escogido cuidadosamente para mí en la tienda del dólar, o en la tienda de segunda mano ese año.

Era una recaudación de fondos para algo. No teníamos idea de qué era. Tal vez sería para ayudar a mejorar las magras hamburguesas de la cafetería, por ejemplo. O para ayudarles a comprar un poco de leche entera en vez de comprarla solo al dos por ciento. No importaba.

Porque durante todo el tiempo que el bigote estuvo subiéndole y bajándole sobre los labios mientras lo que le salía de la boca eran, supongo, solo palabras, en todo lo que podía enfocarme era en el mantel negro que cubría la mesa número dos. Esa era la razón real de esa asamblea. Apelar a los codiciosos instintos básicos de lujuria y avaricia de niños y niñas.

«Me puedo dar cuenta de que ustedes, niños y niñas, no están tan interesados en el papel de regalo. Solo quieren ver lo que está debajo de esta manta que está aquí, ¿cierto?», dijo con un tono paternal adecuado para un vendedor de su estatura a la de Burt Reynolds. Tan solo si Burt Reynolds hubiera dominado, de alguna manera, el arte de combinar un acento lento y grave del sur con la velocidad del discurso de un subastador de *Micro Machines*. Y luego, como un mago que descubre su último acto, quitó la manta con un *voilà*, con la clase de estilo que uno esperaría en un espectáculo caro en Las Vegas. La colección de tesoros que descubrió era alucinante.

Pequeños escudos de vaqueros de Dallas.

Brillantes brazaletes plateados.

Los *hacky sacks* [pequeñas pelotas rellenas de arena] que tal parecía que las habían hecho con los mismos materiales que la túnica de muchos colores de José.

¡Alcancías de Tootsie Roll llenas de caramelos Tootsie Rolls!

Esto último fue lo mejor. Murmuré en voz baja en una especie de *El mundo de Wayne* al «romper la cuarta pared»: «Será mía. Ah, sí. Será mía».

Agarré mi formulario de pedido de recaudación de fondos a la velocidad de un rayo y corrí a casa tan rápido como podían llevarme mis regordetas piernecitas. Me bañé, me puse mi mejor camisa de botones y mi pantalón más elegante, mojé el peine y me eché para atrás mi cabello cortado como tazón para lucir como mi Andy García interior tanto como fuera posible, e incluso me colé en el baño de mi papá para ponerme prestada un poco de su colonia. Quería lucir profesional. Como un verdadero vendedor. Y como mi mamá siempre estaba hablando de lo guapo que era Andy García, deduje que él era el tipo al que tenía que emular si quería lograr que todas las madres y abuelas de la cuadra compraran cualquier mercancía que estuviera vendiendo.

Mientras iba de puerta en puerta en mi vecindario, viejecita tras viejecita me decía que estaba muy contenta de apoyarme. «Anótame para un rollo de papel de regalo», decían de la manera más dulce posible. ¡Al final del día, había vendido quince rollos de papel de regalo y también dos cajas de chocolates y una vela! Lamiéndome los labios, abrí la lista de premios para ver cuántos más necesitaba vender para conseguir la alcancía de *Tootsie Rolls*. Estaba seguro de que estaba cerca, y ya podía probar aquellos *Tootsie Rolls*. Eso para no hablar de la gran cantidad de dinero que iba a ahorrar después que me acabara todos los caramelos y empezara a poner en la alcancía todo mi dinero extra, arduamente ganado. Ya estaba visualizando todas las cosas increíbles que podría comprar después de ahorrar durante años en aquella cosa.

Sin embargo, mi corazón se afligió un poco cuando miré la llave al lado de la alcancía de Tootsie Roll y me di cuenta de que requería cincuenta puntos. Solo había ganado dieciocho. Si había tenido que pasar todo ese trabajo para ganar solo dieciocho puntos, ¡¿cómo rayos iba a ganar otros treinta y dos?! Incluso si les pidiera a todos mis parientes que compraran, ganaría otros diez, pero todavía estaría a kilómetros de distancia.

Es como cuando vas a la sala de juegos y ganas como siete mil boletos en *Skee-Ball* solo para darte cuenta de que la pistola Nerf de cinco dólares que querías, en realidad equivale a 1 225 000 012 boletos. Fue así como me sentí. No tenía sentido. A pesar de eso, todavía necesitaba tener esa alcancía de Tootsie Roll. Estaba decidido.

Me rompí la cabeza durante días, tratando de descifrar cómo cubrir la diferencia. Todos los demás niños llegaron a la escuela alardeando de cómo sus padres habían llevado sus formularios de pedidos a la oficina y habían vendido por ellos la mercancía a sus compañeros de trabajo y ya tenían cien puntos. Se ganarían el escudo o el *hacky sack* por lo menos. ¡Yo no era avaricioso! ¡Solo quería la alcancía!

Fue en ese mismo momento que mi imaginación comenzó a elaborar un plan que era tan perfecto, tan completamente único, tan completamente fuera de lo común, que tenía que resultar.

había estado a $ 2.65 ayer y hoy a $ 2.99. El próximo año probablemente estaría a $ 4.50 el galón. Es loco cómo funciona todo.

Todavía me faltaban 150 barras por vender. ¡Solo tenía que vender el resto de las barras a dos dólares y ganaría la diferencia que había perdido! Me paré frente a Walmart como una amable niña exploradora y vendí treinta allí. Luego me fui a la peluquería que estaba al cruzar la calle de mi casa, donde vendí otras veinticinco. Iba por buen camino.

Hasta el día siguiente, cuando me llamaron a la oficina del director.

—¡Hola, Stephen! Cuéntame, ¿cómo va la venta de las barras de chocolate?

—¡Muy bien, señor! ¡A la gente le encantan estas cosas! ¡Prácticamente se venden solas!

—¡Qué bueno, eso está muy bien! Me imagino que así es, pues las estás vendiendo por dos dólares cuando *claramente dice en el paquete* un dólar.

No había pensado en eso. Había un enorme $ 1 en la envoltura justo al lado de «WORLD'S FINEST CHOCOLATE» [El chocolate más fino del mundo].

Vamos, el chocolate *más fino del mundo* era un poco exagerado y se me parecía a una publicidad falsa. Parecido a la gasolinera que tiene un anuncio lumínico que dice «La mejor taza de café del mundo» colgado en la ventana. Alguien está diciendo una mentirita blanca ahí.

Es decir, ¿has probado el *Chocolove Peppermint in Dark Chocolate* [chocolate oscuro con menta]? Ese es el chocolate más fino del mundo, seguido muy de cerca solo por *Lindt Lindor Dark Chocolate Truffles* [trufas de chocolate oscuro marca *Lindt Lindor*]. Sin embargo, pienso que decir «El chocolate más fino del mundo» en la envoltura es una exageración más fácil que vender por dos dólares una barra claramente marcada a un dólar.

—Las señoras de la peluquería llamaron aquí para preguntar si se suponía que se vendieran por el dólar que decía en la envoltura o por dos dólares, pues tú las estabas vendiendo por dos —me dijo, para seguir presionándome.

—Bueno, señor, se me presentó un pequeño problema. De hecho, vendí cien de ellas a un dólar y, de alguna manera, se me perdió el sobre con el dinero, así que supuse que podía recuperar lo que había perdido vendiendo el resto por dos dólares.

—Stephen, me siento impresionado y hasta me parece gracioso, pero vas a tener que devolver el dólar extra a las señoras de la peluquería y buscar otra manera de cubrir la diferencia.

Esa tarde fui a la peluquería y devolví el dinero, supongo que confiando ciegamente en que la dueña encontraría a las señoras y les devolvería sus arduamente ganados dólares.

¡Hablando de cortarle las alas a un pequeño empresario! Terminé podando cinco céspedes por veinte dólares cada uno y reuní todo el dinero para cubrir mi «metida de pata más fina del mundo».

No hay atajos. Tienes que pagar las consecuencias de una manera o de otra. De seguro que has escuchado la frase «trabaja más inteligentemente, no más duro». Bueno, a pesar de que me gusta mucho esa idea, creo que es más como «¡trabaja más duro *y* más inteligentemente!». ¡En realidad no hay un sustituto para eso!

UN POCO DE TRABAJO DURO...

Sin embargo, no se trata de que eso sea el fin del mundo. Mis padres solían decirme: «Un poco de trabajo duro nunca mató a nadie». No sé si eso es verdad. Estoy seguro de que es probable que haya algunas personas que murieron por trabajar duro, pero la cuestión es que no pienses que puedes llegar a la cima del Everest sin pasar trabajo. Va a estar bien si haces lo bueno. Está bien si tienes que ir a buscar café para el tonto de tu jefe y decirle «¡Sí, señor!» incluso cuando no estás de acuerdo. Está bien si no ganas un salario de seis cifras en tu primer trabajo y si no te ascienden a director ejecutivo durante tu primera semana. Y sinceramente, es bastante posible que tengas que trabajar en un montón de trabajos que odias antes de conseguir al que amas.

Está bien si no pierdes cuarenta y cinco kilos después de un mes de hacer ejercicios y de comer bien. A veces las cosas toman tiempo. Eso está bien. No te desanimes. Solo sigue adelante. Todo va a estar bien.

Siempre he luchado con mi peso. Desde que era niño, tan temprano como puedo recordar, podía mirar un bizcocho de chocolate y aumentar dos kilos, olerlo y subir cuatro, morderlo y subir nueve. Empecé a obsesionarme con eso en la escuela secundaria. Mi dieta consistía exclusivamente de comidas congeladas de *Lean Cuisine* y papas asadas con el aerosol de marca *¡I Can't Believe It's Not Butter!* [¡No puedo creer que no sea mantequilla!] porque los anuncios del viejo Fabio me convencieron. No puedo decirlo sin imitar la voz de Fabio. Poca grasa. Muchas calorías. Aun así, no dio resultado. Luché con mi peso hasta que llegué a más de cuarenta y cinco kilos en el instituto. y, teniendo en cuenta mis estatura de 1,62 metros y el hecho de que en realidad no llegué a mi etapa de crecimiento hasta mi último año, esto era problemático.

Entonces en el 2001, descubrí la dieta Atkins. Era el cielo para los carnívoros. Todo el tocino y el queso que mi corazón podía desear, ¡siempre y cuando evitara los carbohidratos como las chicas de secundaria huyen del desodorante corporal Axe!

En ese tiempo administraba una pizzería, así que cada día para el almuerzo me hacía una pizza personal de triple pepperoni y triple queso con salsa extra y sin pan. Una cosa que debes saber de mí es que podría comer pizza de pepperoni todos los días durante el resto de mi vida y nunca cansarme de ella. Así que esta era la dieta más fácil que existía.

Luego, cuando llegaba a casa esa noche, comenzaba mi rutina de maestro cocinero de dorar mi bistec de dos dólares hasta que estuviera poco hecho acompañado de una lata de judías verdes, lo que funcionaba bien con el presupuesto de setenta y cinco dólares al mes que conseguía con los mil cien dólares que ganaba cada mes administrando la pizzería.

Bajé cuarenta y cinco kilos ese año. Con mucho trabajo y disciplina. De dos a tres horas al día en el gimnasio y sin comer ni un carbohidrato durante un año.

Sin embargo, comer toda esa grasa día tras día durante años, en realidad no repara tu metabolismo. Hay una cantidad limitada de tocino y queso que las arterias de una persona pueden acumular antes de que empiezan a gritar vehementemente: *¡Oye, amigo! ¡No exageres!* Es, en esencia, una forma de atajo para salir rápido que no te ayuda a la larga.

Así que después de algunos años de estrés, preocupación, paternidad, cambios de trabajo y envejecimiento, empecé a subir de peso otra vez. Primero subí nueve kilos, luego catorce, luego dieciocho. Después, cuando adoptamos a Penny y a Lincoln de China, con todo el estrés y las noches sin dormir y las visitas a McDonald's porque Penny estaba obsesionada con «hambaobao» cuando llegó a casa, regresé a los ciento veinticinco. Era increíble. El momento en que me subí a la pesa y vi el número, me volví agresivo. De ninguna manera regresaría a mi antiguo yo.

Esa semana leí un artículo que, en esencia, decía: «El aceite de coco es maravilloso para perder peso». Interpreté eso como si fuera una especie de varita mágica que podía usar para mostrarle a mis mamas de hombre quién era el jefe. Entonces, aunque decía que solo se debía usar un poquito, me olvidé de la cautela y empecé a tomarlo en cantidad: dos cucharadas en mi café a primera hora de la mañana, dos cucharadas en mi segundo café dos horas después, dos cucharadas en mi LaCroix en el almuerzo. Ya vas entendiendo. Estaba seguro de que perdería siete kilos esa semana si tan solo lograba consumir suficiente aceite de coco. Cuando tomé el primer trago me sentí como Dirty Harry e incluso puede que dijera: «Bueno, gordo, tienes que hacerte una pregunta: ¿Me siento afortunado? Bueno, ¿y tú, gamberro?». (Solo mi esposa puede atestiguar si esto es cierto o no, y ha jurado guardar el secreto).

Resulta que sí me sentí afortunado, y pasé veintitrés de las siguientes veinticuatro horas en el inodoro, lo que se sintió mucho menos de lo que yo pensaba como Clint Eastwood. No quiero ser gráfico, pero me destruyó. Sin lugar a dudas, perdí peso, pero no era la clase de peso que quería y, enseguida que comía algo, el peso regresaba.

Como si intentar esto una vez no hubiera sido suficiente, lo hice algunas veces, siempre con los mismos resultados. En realidad, mi esposa y mis hijos empezaron a burlarse de mí por la cantidad de tiempo que pasaba en el baño.

No hay atajos.

CONFÍA EN EL PROGRAMA

El costo era mucho mayor que el beneficio en el «enfoque» del aceite de coco para perder peso, así que se me encendió el bombillo y le pedí a un entrenador que me ayudara. Contraté a un entrenador y a un nutricionista que ha pasado más de un año dándome los recursos adecuados, a fin de hacer el trabajo para reparar mi metabolismo y tener una perspectiva más saludable sobre la vida, la comida, el ejercicio y más. Ahora estoy vigilando mis niveles de estrés, cuánto duermo y otros innumerables factores que forman parte de la salud holística. Es más trabajo que el que jamás puse en mi salud y ha tomado más tiempo del que deseaba, pero semana tras semana, me estoy volviendo más saludable en mis treinta y tantos años de lo que jamás fui en mi vida entera. Gracias a que he dejado atrás las soluciones rápidas y estoy trabajando más inteligentemente y más duro que nunca antes, me estoy preparando para el resto de mi vida.

Una cosa que me dijo mi entrenador fue: «Esto no va a ser rápido. Va a tomar mucho tiempo. Aun así, todo va a estar bien. Solo confía en mí. Confía en el programa». ¿Escuchaste eso? Todo va a estar bien. Esas eran las palabras que mi corazón necesitaba escuchar. A pesar de que iba a ser difícil, todo iba a estar bien. No solo bien, sino mucho mejor de lo que me imaginaba. Solo tenía que hacer el trabajo y ser paciente.

También me dijo que a veces me voy a equivocar y me bajaré del tren. A veces voy a comer algo que no debo, o saldré de vacaciones y comeré chatarra por algunos días. A veces no iré a hacer ejercicios y me faltará la motivación para hacerlos como debo. Sin embargo, la clave está en no dejar que ese día se convierta en una semana, luego en un mes y luego en un año de equivocaciones. Cuando te equivocas, está bien. Levántate y sigue adelante.

En esencia, me estaba dando los tres principios del fracaso épico de una manera que solo lo puede hacer un entrenador y un nutricionista.

Tu fracaso no es el final. Solo porque metiste la pata y te comiste un helado, una pizza o unas gloriosas papas fritas con queso no significa que todo se acabó. No permitas que eso te saque de tu camino. Eso no es lo que eres, y no es en lo que te estás convirtiendo. Así que sigue adelante.

Prácticamente ya he vivido cuatro décadas, lo cual no es mucho si uno mira el cuadro completo. Me siento más joven que nunca, y siempre escucho que los cuarenta son los nuevos treinta. No obstante, también estoy en la edad donde estoy tan seguro de que no hay atajos como de que el sol saldrá mañana.

No hay atajos. No los hay en la vida laboral. No los hay en la vida familiar. No los hay en el crecimiento espiritual ni en nuestros pasatiempos favoritos. No los hay en el deporte ni en la música, en el arte ni en la ciencia. Hasta donde sé, los atajos no existen.

> Tu fracaso no es el final. No es lo que eres, y no es en lo que te estás convirtiendo.

MIS PRIMERAS SEIS CUERDAS REALES

Cuando decidí que quería aprender a tocar la guitarra, alquilé una guitarra mala de veinte dólares con un cuello tan grueso que hubiera servido como traviesa de una línea de ferrocarril. Luego me encerré en mi pequeño dormitorio de nuestro dúplex en Austin, Texas, y practiqué durante ocho horas diarias todo aquel verano hasta que pude salir, guitarra en mano, a tocar con la confianza apropiada para un chico del instituto que nunca había tenido novia.

Los dedos me sangraron durante tres semanas mientras se me formaban los callos. La mano se me acalambraba todo el tiempo hasta que se volvió lo suficientemente fuerte como para dominar los acordes. Cada centavo que me ganaba de mi trabajo en Old Navy, que no usaba para ayudar a mi mamá con la comida, lo ahorraba para comprar mi primera guitarra, una vieja Ovation de una casa de empeños que solo se podía tocar de pie porque la parte redonda de atrás se me resbalaba cada vez que me la ponía sobre la rodilla. Con toda seguridad era algo temporal, porque lo que en realidad quería era esa hermosa Takamine G-Series negra por $ 549, lo que me parecía una fortuna como hijo de una madre soltera con un salario de maestra de segundo grado.

Con el tiempo ahorré lo suficiente para negociar un arreglo en efectivo por $ 399 más el cambio de la Ovation. Ver el fruto de más de un año y medio de práctica, trabajar y ahorrar, materializado en el cuello de una guitarra que no se sentía como si estuviera estrangulando al tronco de un árbol es todavía una de las sensaciones más satisfactorias que puedo describir. Vino con un costo. Y valió la pena.

Esa es la guitarra con la que le escribí mi primera canción a Amanda. Esa es la guitarra que usé para grabar la canción para nuestra primera Navidad juntos. Esa es la guitarra que escondí en la parte de atrás de un carruaje tirado por caballos que pasó por el *Spaghetti Warehouse* (donde tuvimos nuestra primera cita juntos) «en el momento preciso» para que nos subiéramos para dar un paseo por el centro de Austin, donde le canté la canción, saqué el anillo y le pedí que fuera mi esposa para siempre. El trabajo duro tiene sus frutos, amigos.

Después de más o menos un año de matrimonio, empecé a dar lecciones de guitarra para suplementar nuestros ingresos. Con un bebé en casa, por fin me había graduado de hacer $1100 al mes en la pizzería, pero también me había graduado para muchos más gastos. Los pañales no son baratos, amigos, y las seiscientas cajas que te regalan en el la fiesta del bebé se acaban rápido. Así que, después que terminaba de trabajar en la arena de rodeo que dirigía (sí, leíste bien), iba a la casa de los estudiantes y trataba de convencerlos de que tenían que practicar si querían aprender algo de las lecciones de guitarra que les estaba dando.

Resulta que la mayoría de las personas que están tratando de aprender a tocar un instrumento, en realidad solo intentan de tomar un atajo para ser capaces de tocar su canción favorita. Un estudiante en particular era un hombre de mediana edad que, aunque era una de las personas más amigables que haya conocido, estaba obsesionado con aprender a tocar *Wild World*, de Cat Stevens. Cada semana lo animaba a practicar, y cada semana decía: «Yo lo sé, hombre. Pero todo lo que quiero tocar es Cat Stevens».

«Sí, lo entiendo. Todo va a estar bien, amigo. Llegaremos ahí. Pero no hay atajos. Tienes que aprender lo básico antes de que podamos avanzar allí. No puedes correr hasta que no aprendas a caminar». Le enseñaba la misma cosa todas las semanas y luego él ponía la guitarra en una esquina, donde se quedaba hasta que yo regresaba la siguiente semana. Desistió después de cuatro meses, ni siquiera cerca de su meta, pero con setecientos dólares menos que cuando había empezado.

Quince años más tarde, después de haber jurado que nunca más enseñaría guitarra, finalmente me convencí a mí mismo de que podía aceptar a una sola estudiante, una prometedora chica de catorce años a la que le encantaba REO Speedwagon, Matthew West y *El gran showman*. La gran diferencia fue que, cuando le enseñaba a Evelyn Grace una serie de acordes, regresaba la siguiente semana tocándolos a la perfección. Después de meses practicando durante varias horas cada día, estaba lista para aprender una canción. Y luego otra. Y otra. Hasta que pudo tocar en el espectáculo de talentos de la escuela, donde los sobrepasó a todos.

Cualquier cosa que valga la pena hacer requerirá trabajo. Y tiempo (y, por consiguiente, paciencia). Y cualquier cosa que valga la pena hacer bien requerirá aún más trabajo y tiempo. Aun así, confía en el proceso. Todo va a estar bien. Todos queremos ir a donde podemos llegar más rápido. Y a veces puedes hacerlo. Sin embargo, como un hombre al que le han puesto más multas por exceso de velocidad que las que quiero divulgar aquí, no lo recomiendo. Vísteme despacio, como dicen, que tengo prisa. Cuando tratamos de buscar atajos en el proceso, nosotros somos los que salimos perdiendo. El viaje edifica nuestro carácter. Nos fortalece. Nos refina y conforma nuestra perspectiva sobre la vida, el mundo, nosotros mismos y todos los que nos rodean. Nos da la sabiduría que solo el tiempo puede dar. Es la aventura. O como lo dice Miley: «Es el salto»[16].

UN LARGO CAMINO HACIA UN CALLEJÓN SIN SALIDA

Tal vez vas a necesitar un guía o una táctica, o quizá todo un grupo de animadores al estilo de porristas, para ayudarte a llegar a la meta final. Puede que necesites parar para tomar un descanso o un vaso de agua fría a lo largo del camino. Lo más probable es que vas a necesitar un empujoncito o 3400.

Vas a querer algunas buenas curitas y tal vez un vaso de Two Buck Chuck [sobrenombre de vino muy barato famoso en los Estados Unidos] de vez en cuando. Vas a tropezarte con atajos toda tu vida. Y te sentirás tentado a tomarlos.

Mi papá solía tomar atajos casi todas las veces que íbamos a algún lugar. Eso era antes de que los teléfonos te dijeran a donde debes ir, e incluso antes de que pudieras imprimir direcciones de MapQuest. ¡Qué rayos, eso era incluso antes de tener internet en nuestra casa! Mis padres tenían mapas de papel y atlas de carreteras que los ayudaban a navegar a dondequiera que fuéramos. Pero mi papá casi nunca los usaba.

Escuchaba que mi mamá le preguntaba desde el asiento delantero: «¿A dónde vamos?». Él respondía: «Estamos tomando el atajo». Sin fallar, sus atajos resultaban ser la ruta escénica que tardaba al menos tres veces más. Puede que esto fuera su idea siempre. Le daba tiempo para terminar algunos cigarros más. Y con las ventanillas bajas y el viento en nuestro cabello, nos daba más tiempo a todos para cantar junto con Crosby, Stills & Nash mientras contemplábamos el campo de Oklahoma. Sin embargo, en algunas ocasiones sus atajos nos llevaron a un callejón sin salida. Teníamos que dar la vuelta y regresar por la ruta por donde habíamos venido.

De alguna manera el atajo, con más frecuencia de lo que imaginamos, termina siendo el largo camino hacia un callejón sin salida. Y está bien. Al menos tienes el paisaje y el tiempo extra con tu música y con el viento en tu cabello. Y tienes algunas historias divertidas para contar más tarde. No es el final del camino si te descuidas y por error tomas el atajo, ya sea de manera intencional, caprichosa, ignorante, orgullosa o porque te desorientaste. Todos nos desorientamos a veces. Te fastidia cuando eso pasa, pero la vida continúa. Eso es parte del arte de equivocarse.

Sobrevivirás tus atajos y vivirás para ver otro día, con suerte un poco más sabio y un poco más humilde de lo que eras antes. Y eso nunca es algo malo.

CAPÍTULO 6

TEN CUIDADO CON TUS PUNTOS CIEGOS

Podía sentir el poder en la punta de los dedos mientras sujetaba el volante de cuero. El corazón me latía de emoción mientras ponía el pie en el acelerador y escuchaba al enorme motor rugir como la bestia que era. Amanda y los niños, sentados en el asiento trasero, se rieron mientras yo gruñía como un cavernícola, emocionado ante la expectativa de la prueba de conducción en la que me disponía a embarcarme.

Tres kilómetros más tarde regresamos, me senté en una pequeña oficina en la esquina y saludé con firmeza a un señor que llevaba puesto un traje de tres piezas, que tenía una de las patillas más envidiables que he visto y una corbata muy elegante, y que podía competir mano a mano con cualquier director ejecutivo de *Fortune 500*. Iba a comprar el Hulk de todas las furgonetas. Un Ford Super Duty F-250 King Ranch color verde bosque. Algunos menos hombres habrían necesitado una escalera de mano para subirse a ella, pero yo no. Habíamos estado echándole el ojo a esa cosa por años, con la esperanza de que algún día pudiéramos halar nuestra caravana de ensueño y recorrer todo el país con nuestra gigantesca familia. Escuela en casa al estilo más refinado. No escogimos la vida caravana; la vida caravana nos escogió a nosotros.

Nuestra imaginación volaba mientras pensábamos en los detalles específicos de cada escenario. Enseñar matemática a los niños en el Gran Cañón. Historia estadounidense en Filadelfia, Boston y Nueva York. Clases de educación física escalando en Yosemite. La Bestia Verde era nuestro boleto a la aventura. Y por fin estábamos allí.

Salimos del concesionario e hicimos lo que todo carnívoro de sangre caliente haría en mi situación. Condujimos casi cinco kilómetros hasta que llegamos a The Salt Lick BBQ (búscalo en Google y prepárate para que se te haga la boca agua) y nos deleitamos con cada delicioso trozo de costilla de res perfecta que nuestros cuerpos podían asimilar antes de que empezáramos a sudar carne y entráramos en coma. Aunque estoy seguro de que mi hijo Liam comió dos veces más que yo (ay, tener este metabolismo), nunca me he sentido más hombre.

Esa fue la mejor camioneta que tuve. He tenido dos, así que eso debe significar algo.

Al día siguiente, Amanda llevó a nuestro hijo Lincoln a su nuevo terapeuta físico y ocupacional. Todavía no había tenido el privilegio de participar en una sesión, de modo que hicimos planes para encontrarnos allí e ir a tomar un café cuando saliéramos. ¡Estaba tan emocionado por ver el progreso que estaba haciendo después de su operación del cerebro, que casi no podía esperar para entrar y verlos trabajando con él!

Si no lo sabes, tenemos un hijo de seis años que tiene necesidades especiales bastante severas después de haber tenido muchos derrames cerebrales cuando era niño, causados por una rara enfermedad llamada moyamoya [trastorno cerebrovascular raro y progresivo]. Tiene hemiplejia del lado izquierdo, una forma de parálisis cerebral que le dificulta mucho aprender a caminar y usar el lado izquierdo de su cuerpo, a la vez que limita severamente su desarrollo y el habla.

Y, no obstante, por la gracia de Dios y una tonelada de terapia cada semana, ha experimentado milagro tras milagro. ¡Ahora está caminando cuando dijeron que nunca lo haría y también está empezando a hablar de alguna manera! Sabemos que nos espera un largo camino por delante, pero es asombroso ver lo que hacen esas terapias y esos terapeutas, y en este día en particular, ¡me estaba apresurando porque estaba muy emocionado de ver cómo progresaba!

Doblé en la intersección en luz verde, según yo, basado en cómo fluye el tráfico normalmente, pero estaba mirando hacia la intersección siguiente, buscando el giro hacia el estacionamiento del lugar de las terapias, cuando sentí un pequeño golpe. Suficiente para tambalearme un poco, pero no demasiado estremecedor. ¡Hasta que miré a mi ventanilla de pasajero y vi a un Mustang al lado de mi neumático!

Me apresuré a abrir la puerta, salté los seis metros desde el asiento del chofer hasta el suelo y corrí los cien metros bordeando el frente del Hulk para ver cómo estaba el otro chofer, una chica de unos veinte años que estaba ahí parada analizando la situación sin poder creerlo todavía. (Está bien, prometí no exagerar. Era probablemente solo un metro desde el asiento del pasajero hasta el suelo y nueve metros alrededor del frente de la camioneta).

Al parecer, la Bestia Verde había sobrevivido sin ningún rasguño, pero ese glorioso Mustang iba a necesitar un poco de trabajo en el taller. De cualquier manera, tal vez la chica tendría que conducir un maloliente minivan alquilado por algunos días hasta que le arreglaran su auto. #Ganador.

Cuando vimos que nadie salió herido, todos empezamos a relajarnos y a bromear acerca de lo mal que caían estas cosas, de la manera más tranquilizadora posible, dada la situación. Ya dije en los capítulos anteriores que no soy especialmente consciente de mí mismo. Y, en la mayoría de los casos, habría rechazado vehemente la acusación, pero en esta situación en particular, cuando la miré riéndome y le pregunté: «¿No viste la luz?». Seguro que deseaba que el Fantasma de Autoconciencia de las Navidades Futuras me hubiera visitado con un pequeño regalo de previsión. Mis proverbiales lentes color de rosa de repente no se vieron tan encantadores.

La apariencia de tres casi joviales espectadores cambió más rápido de lo que puedes decir: «Tengo noventa y nueve problemas, pero una camioneta no es uno de ellos», y empezaron a mirarme como lobos rapaces con una expresión de «¡cómo te atreves!» en la mirada, gritando en frecuencias que me imagino que solo los perros pueden escuchar.

«¡Tú fuiste el que se pasó en rojo!».

Me quedé estupefacto; no había forma de que esto fuera mi culpa. Había acabado de doblar la intersección en verde. Sin embargo, uno por uno, testigo tras testigo, repitió que acababa de ver cómo me pasaba en rojo y que el Mustang no había tenido tiempo de detenerse para evitar el golpe. Miré a un chico que estaba atrás y que había guardado silencio, a la espera de unas palabras reconfortantes, cuando se encogió de hombros y me dijo: «Lo siento, amigo. Yo estaba detrás de ti y te pasaste en rojo».

¿Yo estaba en *La dimensión desconocida*?

La policía y el departamento de bomberos llegaron a la escena y, mientras se acercaban, uno de los policías susurró en su radio: «Sí, el lugar habitual». Le pedí que me aclarara con exactitud que quería decir con «el lugar habitual».

«Bueno, tenemos aproximadamente cinco choques aquí cada semana porque tienen mal el tiempo de los semáforos. Todo el mundo llega a la intersección pensando que la luz estará en verde, de modo que no están prestando atención y se pasan en rojo. Ya lo hemos reportado como un problema serio, pero se están tomando bastante tiempo para resolverlo».

¿Me estás tomando el pelo?

Estaba temblando. Furioso. Devastado. Anonadado. ¿Cómo era posible que hubiera estado tan ciego? Sin importar que el tiempo de los semáforos estuviera o no bien, no estaba prestando atención de la manera como debía. Era responsable. Debí haber notado que el semáforo estaba en rojo. Debí haber parado. No debí haber estado en el medio de la intersección.

Diez minutos antes, me dirigía a ver a mi hijo tratando de aprender a caminar. Ahora estoy atascado en esta intersección con una chica que va a tener que manejar un Dodge Caravan por una semana mientras que arreglan a su bebé. El peso de la conciencia de mi falta me golpeó como una tonelada de ladrillos, y casi no podía soportarlo.

Justo cuando empezaba a sentir que ya no podía aguantar más las lágrimas, Amanda llegó para reconfortarme abrazándome con fuerza con sus misericordiosos brazos. Estaba tan avergonzado que ni siquiera la vi llegar a la escena. En cambio, llegó y me abrazó. No gritó ni me apuntó con el dedo, aunque podía haberlo hecho. No me avergonzó ni me hizo sentir más fracasado de lo que ya me sentía. Solo me sostuvo y dijo: «Todo va a estar bien». De alguna manera ella sabía que, en ese momento, esas eran las únicas palabras que necesitaba escuchar.

Se llevaron la camioneta y recibimos una llamada diciéndonos que era pérdida total. Resulta que el Mustang había golpeado el eje en el lugar exacto para romperlo. ¿Quién lo habría adivinado? Ya no había más Bestia Verde. Ya no más escuela en casa en el Parque Nacional de las Montañas Rocosas. Por suerte, el seguro pagó lo suficiente como para poder comprar en efectivo un diminuto Jeep Liberty negro, sin aire acondicionado, que se sobrecalentaba durante cada uno de los cien días de más treinta y siete grados de temperatura ese año. Creo que perdí cuarenta y cinco kilos solo en sudor. Era como mi propia sauna personal sobre ruedas.

Todo porque estaba tan absorto en «lo que viene después» que no pude ver el «aquí y ahora».

No pusimos esto en los vídeos. No lo contamos en Instagram como una tragedia para obtener simpatía o juicio, o una mezcla de ambos, como si fuera un cóctel cuidadosamente mezclado hecho por un barman novato después de tres meses de cuarentena. Solo dejamos que la vida siguiera su curso hasta que la vergüenza pasara. Ahora, en cambio, después que han pasado un par de años, la retrospectiva me ha enseñado algunas cosas.

A pesar de lo mucho que sentí que este fiasco era el fin del mundo y que la vida como la conocía se había terminado, no era así. La vida continuó. Por supuesto, mi seguro me subió muchísimo, pero este fracaso no era el final. Compré una nueva sauna móvil que podía conducir por el pueblo gracias a eso, y luego de solo unos pocos años, mi seguro bajó otra vez.

Sin importar lo mucho que lo arruiné ese día, eso no es lo que soy. Luego de dos años, y aparte de cuando tengo que pagar la factura del seguro de mi auto, pienso en eso más o menos una vez cada dos meses. Amanda no lo saca a relucir ni lo guarda en mi contra. Es tan misericordiosa como lo fue aquel día. Los niños ni siquiera lo han mencionado. Incluso mis suegros no han dicho casi nada durante los últimos treinta y cinco meses, e incluso entonces, fue solo tratando de ayudarnos a encontrar un auto nuevo. No soy mi metida de pata.

> El fracaso no me define, pero me está refinando.

Ese fracaso no me define, pero me está refinando. Estoy aprendiendo a prestar atención y a mantener los ojos justo en el momento que tengo delante.

Ten cuidado con tus puntos ciegos.

DISTRAÍDO POR EL MAÑANA

Todos tenemos puntos ciegos. La causa puede ser nuestra personalidad, traumas del pasado, orgullo, autoprotección, caprichos o solo ignorancia. Este mundo está lleno de millones de cosas que tienen el potencial de afectar nuestra visión y distraernos. En mi caso, casi siempre es soñar y manejar hacia lo que me depara el futuro.

He sido ciudadano de la Tierra del Mañana por más tiempo del que puedo recordar. El problema con esto es que te ciega para ver la belleza de *hoy*. Así como yo estaba anticipando el siguiente giro y no vi el semáforo en rojo delante de mí, eso te puede poner en una situación bastante difícil. Quizá no sea que un Mustang te saca de circulación tu camioneta nueva. Quizá sea que te pierdas los momentos más preciosos de la vida de tus hijos porque estás demasiado enfocado en tu preocupación por lo que está en el horizonte. Quizá sea una relación que se marchita en la viña porque estabas demasiado preocupado con tus esperanzas futuras de nutrir el ahora. Es muy fácil dejar que la hierba en tu patio se convierta en un oscuro y quebradizo peligro de incendio porque tienes los ojos completamente fijos en el otro lado de la cerca, donde la hierba verde te tienta, impidiéndote ver lo que está justo delante de tus ojos.

Para mí, un gran punto ciego ha sido tratar de probar mi valor, pues no creía que tuviera alguno en realidad. Pasé décadas trabajando para revertir las heridas de burla, rechazo, pobreza y abandono que tuve durante la niñez y que, de alguna manera, me hicieron pensar que no valía nada. Como resultado, he pasado demasiadas horas de las que me gustaría admitir, estando presente sin estar *presente*. En mi mente estaba en casa y, por tanto, disponible, pero lo cierto es que Amanda y los niños estaban allí, pero yo no estaba pendiente de ellos en lo absoluto. Estaba inmerso en una sesión de planificación o muy lejos en la ciudad de los sueños. En realidad, nunca miraba las intersecciones justo delante de mí, pues siempre tenía los ojos puestos en esa fantástica, gloriosa y envidiable vida que «les mostraría».

Al comienzo de nuestro matrimonio, ese punto ciego se manifestó en una obsesión por convertirme en una famosa estrella de rock. Después de un largo día en la arena de rodeo, si no estaba tocando en el club, estaba buscando, incansablemente, lugares a los que pudiera enviar mi música para obtener un nuevo contrato. Estaba convencido de que, si podía tocar en suficientes espectáculos y pararme frente a suficientes personas, mi banda, de alguna manera, se iba a convertir en el nuevo éxito del momento y por fin las personas verían que yo valía algo.

Reese era una bebé y estaba comenzando a ser más curiosa y a moverse y a experimentar con hacer las cosas, digamos, más «únicas», para llamar mi atención. Nos recordaba un poco a Houdini porque siempre se estaba metiendo en algún lío y tenía más de una sorpresa debajo de la manga.

Una noche, mientras estaba sentado frente a mi computadora escribiendo cuidadosamente un correo electrónico, a fin de tratar de hacer un contrato en un lugar específico en Houston que había estado en mi lista durante bastante tiempo, estaba demasiado distraído como para notar que tenía un enorme hueco en los pantalones, en la parte de los glúteos. Reese definitivamente lo notó. Debido a que había estado tratando de obtener mi atención durante los últimos treinta minutos para que dejara de trabajar solo por un instante y jugara con ella, estaba lista para interrumpir mi preocupación por la fama futura.

Amanda estaba mirando con partes iguales de horror y diversión mientras Reese estudiaba el hueco de mis pantalones y, como en cámara lenta, metió los dedos en él. Salté de inmediato, mientras salía de repente del trance que me había inducido mi fama futura. Entonces, tan rápido como el terror me embargó, así mismo se fue y lo reemplazó una risa incontenible.

«Creo que alguien quiere que juegues con ella», se rio Amanda. Sabía demasiado bien el trabajo que costaba captar mi atención, y creo que estaba, de alguna manera, aplaudiendo el brillante enfoque de Reese para obtenerla. Por suerte, ninguna de las dos, ni nadie más, ha vuelto a repetir esa táctica en particular.

Amanda conoce mi pasado y mis heridas. Conoce el equipaje que cargo y contra el que lucho activamente. Estoy muy agradecido de que me ama lo suficiente como para lidiar con gentileza con los puntos ciegos que causan en mi corazón. A veces me toma por sorpresa como un rayo y se siente bastante como aquella intersección donde pienso: «No hay manera de que haya doblado en rojo. Solo estoy trabajando para proveer para mi familia».

A veces es solo que mi personalidad realmente siempre ha sido el tipo de persona movida por los sueños, una clase de mezcla de P. T. Barnum y Ferris Bueller. Soy lo que se conoce como un Anagrama Tipo 7w8. Para aquellos de ustedes que no están familiarizados con este tipo de personalidad, soy básicamente el tipo que siempre está listo para la siguiente aventura y que no sabe cómo quedarse quieto, pues no puedo dejar de pensar en lo que viene después. Quiero hacerlo todo, verlo todo, probarlo todo, tenerlo todo y seguir, seguir, seguir, seguir, seguir hasta que todo esté hecho. Y al parecer esto sucede porque me hirieron cuando era muy pequeño y juré que nunca más me sentiría de esa manera, así que, en vez de sentirme triste, minimizo mi dolor con pensamientos felices y sueño despierto. Parece conocido.

CANCIONES EN LA CLAVE DE YO

Me sentí muy honrado cuando Ryan O'Neal escribió toda una canción sobre mí. Nunca nadie más había hecho eso aparte de la canción de Taylor Swift «Hey Stephen». Y aunque Taylor (sí, nos tratamos por el primer nombre) tenía razón en eso de que parezco un ángel, creo que Ryan me resumió un poco mejor en su canción «Seven» del *Atlas: Anagrama,* la que es probable que solo pudo haberse llamado «Hey Stephen, segunda parte». Sin embargo, ya que ni siquiera conoce quién soy y no sabe que la escribió pensando en mí, voy a tener gracia para con él.

Después de diagnosticarme de manera brillante y poética con un ingenioso verso tras otro, mostrando mi propensión a no poder quedarme quieto mientras hago largas listas de todas las cosas increíbles que quiero ser, hacer y lograr, sin importar cuánto les cueste a las personas que me quieren, el resto de la canción muestra a alguien que crece en madurez. Aprendiendo que tiene suficiente. Aprendiendo a interesarse en las personas que tiene delante. Aprendiendo a *estar aquí verdaderamente*, antes de llegar al glorioso resumen de su último verso: «Restless and hungry, I'm ready for whatever comes next» [Incansable y hambriento, estoy listo para lo que sea que venga después][17].

Como si fuera necesario decirlo, esto va a ser algo con lo que siempre vas a luchar, ¡pero al menos sabes que puedes luchar bien!

El dolor de mi pasado me ha conformado de maneras que todavía estoy aprendiendo y que estaré descubriendo durante los años venideros. El hambre incansable por lo que viene después. La insaciable necesidad de aventura. La tentación de ignorar mi dolor y actuar como si todo estuviera bien. La necesidad gravitacional de priorizar las experiencias sobre las relaciones. Dicen por ahí que tu mayor fortaleza es casi siempre tu mayor debilidad también. Pienso que ese es, probablemente, el caso de mi personalidad. A pesar de que mi personalidad ha hecho que la vida sea feliz y divertida, aventurera y emocionante para mí, mi familia y mis amigos, también ha creado el suelo más fértil para que aparezcan puntos ciegos en mi corazón que con tanta facilidad se distrae.

No soy un experto en el Anagrama, y tengo algunas objeciones con respecto a permitir que un perfil de personalidad determine quién soy, cómo pienso y siento, pero lo que sí sé es que, durante los últimos años, realmente he sido desafiado a mirar en detalles mis heridas sin sanar y mi trauma, y lidiar con ellos. Deja de minimizar el dolor o de fingir que no está allí. Deja de empujarlo hacia abajo, de ignorarlo o de actuar como que todo está bien. Examina de verdad las heridas y trátalas. Porque no son una excusa para salir y pasarte semáforos en rojo y arruinar la vida de la gente.

PRESENTE Y AMADO POR COMPLETO

No estoy seguro de que dejaré de ser un soñador. No sé si alguna vez perderé el deseo de emprender, edificar, innovar y crear. Sin embargo, sé que, hasta donde depende de mí, voy a hacer todo lo que esté a mi alcance para mantener lo que más importa frente a mi perspectiva. Para mantener las cosas importantes como las cosas importantes. Para recordar que no tengo nada que probar y que ya soy amado por completo, a pesar de toda la locura en mi corazón.

No quiero que Amanda y los niños conozcan la parte de atrás de mi teléfono mejor que mi rostro, o que la carrera incesante de las redes sociales sea la señora cruel que les robe a mi familia y a mis amigos del verdadero yo. Quizá te identifiques con lo que estoy hablando.

La realidad es que todo va a estar bien si pierdo algunas oportunidades porque preferí estar presente con mi familia.

Todo va a estar bien si no hago tanto dinero el próximo mes porque escojo, en vez de eso, crear recuerdos con mi esposa y mis hijos.

Estoy aprendiendo que nunca voy a lamentar escoger ir más despacio y chequear mis puntos ciegos antes de tomar decisiones. Todo va a estar bien si no llego allí tan rápido. Incluso, todo va a estar bien si nunca «llego allí» porque aquí es un lugar bastante bueno para estar ahora, cuando consideras la alternativa de no estar en lo absoluto. Incluso si *aquí* es un lugar difícil y estás caminando por un camino áspero, *ahora* es todavía el único lugar donde puedes hacer algo, a menos que hayas descubierto el secreto de viajar en el tiempo (y si es así, por favor viaja de regreso al 2007 y dime que compre un montón de acciones de Netflix).

Jesús fue increíblemente inteligente cuando dijo: «No se angustien por el mañana, el cual tendrá sus propios afanes. Cada día tiene ya sus problemas»[18]. Mañana es, bastante literalmente, un punto ciego. No tiene sentido estar ansioso con respecto a él. No tienes idea de lo que va a suceder en tu vida y de lo que se va a ir. No tienes control sobre eso. Y no necesitas tenerlo.

Eso no significa que no planifiques, trabajes, ores ni sueñes. ¡Sueña en grande! Más grande de lo que jamás soñaste posible. ¡Y diviértete haciéndolo! Aun así, no dejes que los sueños del mañana te cieguen y no te permitan ver las alegrías tangibles de lo que está justo delante de ti en este mismo momento.

Respira profundo. Disfruta el sol y siente la brisa en tu cara. Saborea tu comida. Baila en la cocina. Mira a las personas a los ojos. Sonríe gigantescamente. Ríete histéricamente. Toma siestas.

Esfuérzate por estar presente. Intencionalmente presente. Incómodamente presente. Ocúpate del hoy, y te prometo que mañana todo estará bien.

CAPÍTULO 7

EL TRITURADOR DE HUESOS

«¡MILLER!**».**

No me moví. Ni siquiera noté que me llamaban.

«¡MILLER! ¡Tú! ¡Acércate!

Miré con timidez a J. D., un popular y atlético chico de octavo grado que nuestro profesor de Educación Física, con sus pantalones demasiado cortos, su estilo feliz de sonar el silbato y su parecido al Cocodrilo Dundee, había escogido para que fuera el capitán del equipo granate para las festividades de fútbol de ese día en particular. Me estaba haciendo señas con la mano. Me quedé paralizado. Había dicho mi nombre *de primero*.

No solo era esta la primera vez en mi vida que me escogían *de primero*, sino que esta ocasión memorable marcó la única anomalía de que no me escogieran *de último* para todos y cada uno de los deportes.

Para ser justo, no soy lo que la mayoría de las personas llamarían «atlético». Nunca he tenido ese don en particular. Así que, por regla general, me quedaba recostado a la pared, esperando ansiosamente a que alguien dijera mi nombre y, sin fallar, cada vez me dejaban solo, anticipando las notables quejas de cualquier equipo que se quedara conmigo. Solo era el peso que nadie quería.

En cambio, esta vez no fue así. Ese día, J. D. me vio como un valor añadido. Como una fortaleza para el equipo. «Apuesto

a que puedes patear bastante fuerte, Miller. ¡Ganemos esto!»,
me dijo de una manera que me hizo creerle. No me habían
escogido de último; me habían escogido de primero. No puedo
recordar ni uno de los nombres del resto de los niños en esa
clase. Sin embargo, nunca olvidaré a J. D.

Crecer como el niño gordo no *solo* significaba que me escogieran de último en todos los deportes. No *solo* significaba que
entraba en la zona de amigos con cada niña que alguna vez me
gustó. También significaba que se burlaban de mí casi todo el
tiempo y que, por tanto, me metía en muchas peleas. Más o
menos todos los días. Incluso lancé a un niño contra la pared
en un campamento de la iglesia. Y, aunque nunca me había roto
un hueso, algunas de esas peleas terminaron con el otro niño
que se rompía un brazo, una pierna o la nariz.

En cambio, eso no fue lo que me ganó el apodo de Triturador de Huesos. No, eso vino de mi mejor amiga, quien me
gustó durante años, y que siempre estaba tratando de buscar
alguna forma de que olvidara a mi otro mejor amigo, de quien
había estado enamorada perdidamente desde que eran bebés.
No podía culparla. Era una estrella en el deporte, un músico
que surfeaba y hacía ejercicio, y tenía unos abdominales bien
definidos para complementar su despeinado cabello rubio que
enloquecía a todas las chicas.

Yo también tengo abdominales bien definidos, trataba de
decirle; solo estaban escondidos en el refrigerador.

Durante la mayor parte de mi primer y segundo año del
instituto, éramos casi inseparables. Íbamos al mismo grupo
de jóvenes de la iglesia, y todos los miércoles y los domingos
por la noche salíamos e íbamos juntos a comer a Taco Bell o a

Culver's, o a jugar putt-putt, bolos o alguna otra cosa. Prácticamente cualquier excusa para salir.

Una noche en particular, pensé que sería divertido coquetear un poco (niños, no intenten esto en casa) tomando las llaves y llevándome su auto para dar una vuelta en el estacionamiento. Solo había dos problemas con esta idea: el primero era que no tenía licencia de conducir; el segundo era que ella estaba en el capó del auto cuando pisé el acelerador. Por alguna razón, mi pequeño cerebro de adolescente tuvo la idea de solo asustarla un poco y luego estacionar el auto para correr a abrazarla, bono añadido, y reírnos de todo. Con toda seguridad, esto me iba a acercar a ella y le demostraría que estábamos destinados a estar juntos para siempre.

Sin embargo, en vez de esto, encendí el auto un poco de repente, y ella se rodó del capó y se cayó al piso sin poder evitar el duro golpe contra el suelo de concreto del estacionamiento.

¡Ay! Le había roto el brazo. Bueno, técnicamente, el pavimento le fracturó el brazo. Pero yo era, sin lugar a dudas, la causa de su infortunio.

Dos cosas pasaron en ese momento:

1. Inventé una nueva forma de *no* coquetear con una chica para añadir a mi siempre creciente lista.
2. Nació mi nuevo apodo. *Triturador de Huesos*. Prácticamente se me quedó para siempre y, a decir verdad, no me molestaba. Se escuchaba bien. Sin lugar a dudas, mejor que muchos de los otros apodos que he tenido en mi vida. Ahora mis hijos me llaman Stevo, que no es tan estupendo como el otro. He tratado de decirles que me recuerda a un chico de pelo grasiento que no se ha

duchado en semanas, y cree que una broma divertida es echar un poco de ceniza en el agua de alguien cuando no está mirando. Tal vez logre que me empiecen a llamar Triturador de Huesos otra vez. Eso me dará el respeto que merezco.

No es necesario decir que nunca conquisté a la chica. Y está bien. Se casó con su amor de la infancia y ahora tienen cuatro hijos maravillosos. Seguimos siendo buenos amigos, y a veces me llaman Triturador de Huesos de vez en cuando, aunque casi siempre me llaman Stephen Miller. (Nunca solo Stephen. Siempre *Stephen Miller*. No obstante, todavía es mejor que Stevo).

ALGUIEN QUE VE AL VERDADERO TÚ

Una vez llevé a una chica al baile formal de invierno que se marchó con el acompañante de mi hermana. Al año siguiente, llevé a una chica que aprovechó esa oportunidad para decirme que ya tenía novio y que lamentaba haber estado dándome esperanzas durante los últimos seis meses. El instituto es brutal, y para mí el rechazo solo era parte del paquete.

Desearía poder regresar a la persona que era cuando tenía quince o dieciséis años y decirle que todo estaría bien. Porque todo este sentimiento de ser rechazado una vez tras otra me afectó tanto que me alejé por competo de las chicas. Esa solo fue la última de una larga lista de chicas para las que no era lo suficientemente delgado, atractivo, popular ni encantador.

Mi mamá se dio cuenta de que estaba deprimido. Su habitual hijo jovial y bromista que solía ver el vaso medio lleno, ahora estaba claramente decepcionado. Noche tras noche me abrazaba y me decía: «Todo va a estar bien. Algún día vas a conocer a una chica que verá al verdadero tú y te amará por lo que eres. Te lo prometo. Todo va a estar bien».

Entornaba los ojos con escepticismo y decía: «Sí, seguro. Tienes que decir eso porque eres mi mamá. Eso nunca va a pasar».

Y, sin embargo, solo unos meses después allí estaba, atreviéndome a soñar de día y de noche, y a media mañana y en cualquier otra parte del día, con una rubia extremadamente maravillosa y angelical llamada Amanda.

Me enloquecí por Amanda Nagel desde la primera vez que entré en la cafetería y la vi sentada en aquel lugar con su suéter blanco, brillando como un ángel. Estaba rodeada de chicos que todos estaban enamorados de ella y que, sin importar lo que dijera, se reían histéricamente. Miembros de bandas. Estrellas de fútbol. Bateristas despeinados. Chicos ricos muy elegantes. Alumnos de primer año con pantalones de color caqui. Machos que cazaban y pescaban y hacían su propia carne seca. Todos la adoraban. Pensaban que era la chica perfecta. Y podía darme cuenta exactamente por qué.

Sabía que estaba tan fuera de mi liga que no tenía ni una oportunidad, pero para ese entonces estaba en mi último año y había aprendido a convertirme en una clase de payaso y desarmar a las personas con tonterías, así que iba a jugarme mi mejor tiro. Valía la pena intentarlo por esta chica. Si no estaba interesada, podía arreglármelas y hacer ver que solo me estaba portando como un tonto amable.

Le hice un gesto al que tocaba el bajo en mi banda, Matt, que estaba sentado con ella, y le pregunté:

—Amigo, ¿quién es *esa*?

—Oh, esa es Amanda Nagel. ¡Toca el teclado en nuestra iglesia!

—¿En serio? ¿Toca el teclado? ¡Aaay! Parece celestial. Voy a hablar con ella.

Caminé hasta ella, me dejé caer a su lado con un ruidoso golpe seco y, de manera tan torpe, como creo que sea humanamente posible, dije: «¡Hola, soy Stephen!».

Ella no supo muy bien qué hacer con eso, pero con vacilación contestó: «Ah… hola… soy… Amanda».

Cambié mi hora de almuerzo para esa hora con el objetivo de sentarme al lado de ella todos los días desde ese momento en adelante. Durante meses, la perseguí y la hostigué hasta que accedió a ir al baile de graduación conmigo como nuestra primera cita. Lucía más increíble que cualquier cosa que haya visto antes, e hicimos uno de los más épicos paseos tomados de las manos en toda la historia de los paseos tomados de las manos. Estoy seguro de que nunca antes, y nunca más desde aquel entonces, dos individuos se tomaron de la mano con una pasión tan fervorosa. Era torpe, raro, embarazoso y perfecto. Todavía hablamos de eso hasta el día de hoy.

Pero al siguiente día, permití que mi temor se apoderara de lo mejor de mí. En realidad, no sabía qué hacer con todos esos sentimientos, y no quería dejar que me destrozaran el corazón otra vez. En un esfuerzo por protegerme contra el rechazo inminente que veía venir, me senté con ella y tuvimos *la conversación*.

—Escúchame, me gustas mucho, y creo que yo también te gusto. Sin embargo, muy pronto voy a empezar la universidad, y no quiero tener una relación a larga distancia.

Se quedó boquiabierta.

—Muy bieeen.

—Creo que solo debemos ser amigos.

¿Quién rayos era yo? ¡El que querían solo de amigo se había convertido en el que quería solo una amiga! Triturador de Huesos, sin lugar a dudas. Lo tomó bien y me abrazó para despedirse. Esa noche, en cambio, mientras estaba acostado en la cama, no podía sacarme de la cabeza la persistente voz que me gritaba: *Tú, tonto, ¿qué hiciste? ¡Idiota!*

Ese fin de semana, 30 de abril del 2001, estaba alistándome para ir a la celebración del Día de los Fundadores en Dripping Springs, Texas, que era prácticamente lo único que había para hacer en nuestro pequeño pueblo. Eso significaba que Amanda iba a estar allí y que le podía pedir de manera oficial que fuera mi novia. Le pregunté a mi mamá si podía prestarme el auto y conduje hasta el centro, buscando desesperado de calle en calle hasta que divisé, a varias cuadras de distancia, el cabello dorado de Amanda y sus penetrantes ojos verde esmeralda. Puedes considerar que tengo una inclinación a lo dramático o que solo era un chico lleno de hormonas, pero estaba esforzándome por contener las lágrimas cuando estacioné y me apresuré a captar su atención.

Soy un tonto. Ni siquiera sé lo que estaba pensando. ¿Saldrías conmigo? Marca sí o no...

Por fortuna para mí y nuestros ocho hijos, optó por recibir mis mensajes y desde entonces nos hemos estado enviando mensajes de texto.

En este punto, creo que es importante que sepas que, mientras escribía esto, espontáneamente empecé a cantar el coro de la canción de Garth Brooks, «Unanswered Prayers» [Oraciones sin respuesta]. No estaba bromeando cuando dije que soy un fanático a morir de Garth Brooks. Así que hago esto de vez en cuando. Puede resultar raro para las personas que no me conocen y, la mayoría de las veces, nadie alrededor ha escuchado la canción porque me gusta cantar esas partes donde se quiebra la voz, a fin de que las posibilidades de que alguien empiece a cantar conmigo en el coro sean prácticamente ninguna.

En caso de que no la conozcas, la canción cuenta la historia de un tipo que está concentrado en sus asuntos en un juego de fútbol de un instituto cuando se tropieza con una chica de la que estuvo enamorado en algún momento de su vida pasada. Había orado por eso cada noche en aquel entonces, rogándole a Dios que hiciera que ella se enamorara de él para poder estar juntos.

Para hacer la historia corta, la experiencia fue bastante estremecedora. Cuando alza la vista para mirar a su esposa allí parada, se llena de gratitud porque su oración no fue contestada después de todo, pues se da cuenta de que Dios sabía *exactamente* lo que estaba haciendo todo el tiempo.

MÁS ADELANTE TE ESPERA ALGO MEJOR

En esta vida, vas a lidiar con el quebranto y el rechazo. No nos gusta, pero va a suceder. Quizás no tiene que ver con conquistar a la chica de tus sueños. Quizás es sentir que no te dieron el aumento o la promoción que merecías, y te preguntas por qué parece que todos los demás obtienen lo que anhelas o lo que de veras necesitas. Tal vez te sientes como el último que escogen o como el olvidado por las personas que se suponía que te escogieran primero, ya sea un amigo, un cónyuge o un padre. Esos sentimientos son muy reales y muy desgarradores. Si pudiera de alguna manera mágica o milagrosa librarme de tener que experimentar eso, lo haría. Pero no puedo.

Todo lo que puedo hacer es lo que mi mamá hizo por mí. Decirte que todo va a estar bien. Y de veras lo creo. Porque es cierto. Puede que quizá ahora no lo veas. Puede que las lágrimas y el dolor te estén cegando. Sin embargo, las lágrimas no se desperdician y no son para siempre. Un día te vas a despertar y vas a vivir ese momento en el que te das cuenta de que hay algo mucho mejor esperando por ti que cualquier cosa que has estado deseando.

> Puede que las lágrimas y el dolor te estén cegando, pero las lágrimas no son para siempre.

Eso no quiere decir que el camino para llegar allí será fácil. Puede que se requiera mucho trabajo para que te conviertas en la persona que necesitas ser para recibir lo que ese algo mejor signifique para ti.

Si estás allí afuera triturando huesos para tratar de llamar la atención de la gente, tal vez tengas que reconsiderar tu enfoque. Si de veras eres un chico gordo que echa un poco de ceniza en el agua de las personas como una broma cuando no están mirando, es probable que tengas que dejar de hacerlo.

Puede que tengas que aprender a hablar con una chica de una manera que no haga que ella empiece a odiar a todos los hombres, y viceversa. O tal vez debas desarrollar las habilidades para un trabajo, con el objetivo de obtener la promoción que necesitas. Todo el mundo tiene que pagar lo que debe algunas veces. Si estás soñando con casarte con un alto, trigueño y guapo robador de corazones español, puede que tengas que aprender español.

Tal vez necesites subir tus estándares y dejar de permitir que la persona que se supone que sea la que más te ama te esté pisoteando. No eres una alfombra, y nadie es tan grande que puede tratar a las personas como si no importaran.

Todos debemos estar evolucionando constantemente. Aprendiendo. Creciendo. Madurando. Mejorándonos. Convirtiéndonos en lo que seríamos.

Pero incluso, con todo eso, solo puedes controlar lo que puedes controlar. Las personas son personas dondequiera que vayas y, a veces, no ven lo glorioso que eres en realidad, pues no pueden ver más allá de lo gloriosamente increíbles que *creen que son*. Y, a pesar de lo mucho que pueda doler eso en ese momento, solo tienes que saber que más adelante te espera algo mejor. No cierres tu corazón para autoprotegerte, y no te aísles para evitar que te hieran en el futuro. El mayor problema de cerrar tu corazón para evitar el dolor es que también te pierdes la alegría y la belleza que está allá afuera para que la disfrutes cada día.

Puede que tal vez no parezca como pensaste que sería. Puede que las oraciones que estás haciendo reciban respuestas que nunca esperaste, y puede que solo experimentes el silencio, como «las oraciones sin respuesta». Sin embargo, creo en un Dios que en realidad sabe lo que está haciendo, y es mucho más sabio, fuerte y amoroso de lo que jamás puedas imaginar. Él sabe lo que necesito en realidad. Él sabe con exactitud cuándo lo necesito. Él conoce el mejor medio para que yo lo reciba.

De veras confío en Él con respecto a eso. Y, cuando empiezo a sentir que mi confianza en Él comienza a vacilar, solo recuerdo aquel día en la cafetería cuando el Triturador de Huesos encontró a su media naranja.

El dolor de hoy dará lugar a la belleza de mañana. El aguacero torrencial hará que los valles sean más verdes. El esfuerzo para subir la montaña te dará las mejores vistas sobre todos los lugares donde cada lágrima valió la pena.

CAPÍTULO 8

LA VIDA SE MUEVE BASTANTE RÁPIDO Y, SI NO TE DETIENES Y MIRAS A TU ALREDEDOR, ¡TE LA PUEDES PERDER!

Por si no te has dado cuenta todavía, soy una enciclopedia andante de cultura popular, citas de películas y letras de canciones, en particular de los años ochenta y noventa. Tal vez sea porque no había iPhones ni iPads y, en realidad, ni siquiera había internet. Las redes sociales todavía eran un destello en los ojos de adolescente de Tom Anderson y Mark Zuckerberg.

Lo más cercano que teníamos a YouTube o a los pódcasts era el *Talkboy* 24-7, con el que tratábamos de capturar el sonido de los vientos de nuestros maestros en el pasillo.

Así que, en vez de citar al viejo Vines o practicar bailes de TikTok, tenía los ojos pegados a nuestro pequeño televisor y VCR, con su caja de madera. *Las tortugas ninjas*, *Su propia liga*, *Corazón valiente*, *Nuestra pandilla*, *La princesa prometida* y *Billy Madison* eran mis niñeras. Así que, incluso hasta el día de hoy, si pasas más de veinte minutos conmigo, es probable que escuches una cita de uno de estos clásicos. Ya sea «¡En el béisbol no se llora!»[19], o «Podría aplastarte como un gusano»[20], o «¡El champú es mejor!»[21].

¡Esto se ha convertido en un tema recurrente en nuestros vídeos debido a la gran alegría que siento cuando alguien reconoce alguna cita difícil y la señala con aprecio! Como que hay un nivel de felicidad extremadamente grande que crece en mi corazón cuando alguien comenta: «¡Eso es de *Los payasos asesinos del espacio exterior*». Hay muy pocas oraciones que salen de mi boca que no tengan al menos una ligera influencia de las películas de los ochenta y los noventa.

De todas ellas, creo que la que más se apega a mi vida proviene de la brillante sabiduría de *Un experto en diversión:* «La vida se mueve bastante rápido. Si no te detienes y miras a tu alrededor de vez en cuando, te la podrías perder»[22].

MIDE DOS VECES, CORTA UNA

Como un especialista no diagnosticado, pero autoprofesado en el Trastorno por Déficit de Atención con Hiperactividad (o, para abreviar, ENDATDAH), con frecuencia puedo terminar echando a perder las cosas porque me dejo llevar al ir demasiado rápido, y termino perdiéndome algo.

Aparte de mi esposa, es probable que mi suegro tenga más historias para testificar de esto que cualquier otra persona sobre la faz de la tierra. En muchas maneras, me enseñó lo que significa ser un hombre. Cómo cambiar el aceite y reemplazar un neumático. Cómo hacer una venta y negociar un contrato. Cuando me contrató para administrar la arena de rodeo cuando tenía veinte años, no tenía idea de cómo hacer nada. Sin embargo, había mucho que hacer.

Me enseñó cómo conducir un montacargas y un tractor. Cómo cuidar de los caballos y limpiar los establos. Cómo construir cosas y cómo arreglar cosas, desde tuberías rotas hasta marcos y paneles de yeso. Una y otra vez, escuchaba su calmada voz: «Stephen, no lo fuerces. Stephen, más despacio. Ten cuidado». Pero lo que más recuerdo es: «Mide dos veces, corta una». La idea es que si chequeas más de una vez tu trabajo, tendrás muchos menos desperdicios como resultado de tu apresuramiento.

Empezó a decirme eso poco tiempo después que me permitió tomar prestado su Belleza Negra Ford F-250, con motor a diésel, para llevar a su hija a Galveston para nuestro crucero de luna de miel. Puede que hayamos sido los recién casados más emocionados que el mundo haya visto jamás, pero no teníamos lo que se puede considerar una camioneta confiable para conducir varias horas hasta el puerto, así que nos dejó usar la suya con una advertencia: «Tomen buenas decisiones», mientras nos daba las llaves. Por supuesto, yo tenía la mejor intención de tomar buenas decisiones. Después de todo, iba a tener el privilegio de viajar por el Caribe con la mujer más hermosa sobre la faz de la tierra, ¡que ahora era mi esposa! ¿Qué podía salir mal?

Empezamos a quedarnos bajos de combustible casi a la mitad del camino y paré en una gasolinera, muy apurado por llegar a nuestro destino. Apresurándome para llenar el tanque lo más rápido que fuera posible, agarré la manguera, la metí en el receptáculo de la camioneta y empecé a dejar fluir la gasolina cuando, casi a la mitad del proceso, me di cuenta de lo tonto que era.

Este es un motor diésel.

Le estoy echando gasolina regular.

Cerré la bomba, inmensamente preocupado porque no solo íbamos a perdernos nuestra luna de miel, ¡sino que sería porque había convertido esta Belleza Negra en una bomba de una tonelada con un reservorio de combustible lo bastante grande como para destruir diez manzanas a la redonda! Había visto *Zoolander* demasiadas veces como para no imaginarme la enorme devastación debido a la pelea por gasolina en el filme desarrollarse vívidamente en mi mente. Estaba muerto de miedo.

Y también muy avergonzado. ¿Cómo iba a decirle a mi suegro que probablemente había arruinado su camioneta?

Sin embargo, ¿qué otra opción tenía? Saqué mi dulce teléfono Nokia 3310 del bolsillo y marqué su número, que me sabía de memoria. Un hombre muy, muy dulce. Yo era su primer yerno e iba a enviarlo a una muerte prematura debido a la preocupación porque no estaba seguro si la segunda de sus cuatro hijas iba a sobrevivir a mi estupidez.

Con mucha paciencia me explicó cómo cambiar al otro tanque de combustible (la camioneta tenía dos tanques, por suerte) y bajo ninguna circunstancia debía regresar de vuelta al primero, a menos que quisiera explotar. Creo que las únicas palabras que alcancé a pronunciar fueron: «Sí, señor».

AL OTRO LADO DEL ESTANQUE

Diez años después, ¡Amanda y yo fuimos en una de las más épicas de todas las aventuras para nuestro décimo aniversario de matrimonio! Habíamos estado ahorrando como locos y encontramos la oferta más increíble en Groupon: once días en Londres, París y Roma. Vuelos y trenes incluidos. Recorridos en autobuses turísticos en cada ciudad. Hoteles y desayuno. Lo que te puedas imaginar. Todo por mil dólares por persona. No podíamos dejar pasar esto.

Nuestro hotel estaba justo al salir de Gloucester Road, que se pronuncia Gloster, pero definitivamente *no* Glochester, como nos explicó amablemente un policía en la calle la primera vez que pregunté dónde estaba la estación del metro en Gloucester Road, con un sonido de *ch* en el medio que no era nada bienvenido. Desde la estación de «Gloster» Road, fuimos en un metro subterráneo por debajo de las calles de Londres durante tres días. Recorrimos de arriba abajo el río Támesis en crucero.

El Big Ben. El Puente de Londres. La Torre de Londres. Y la
221 B Baker Street. Pescado y papas fritas. El Circo Picadilly.
La Catedral de San Pablo.

Todo el tiempo hablaba con un acento británico, y la única
vez que me «descubrieron» fue cuando traté de ordenar un café
en el Starbucks al lado del Palacio de Buckingham.

—¿Qué tipo de café? —preguntó el camarero.

—Solo un café…

—Sí, pero ¿qué tipo de café?

—Solo un café normal. Con un poco de crema —dije y
empecé a ponerme un poco nervioso—. Como el café de filtro.

—Oh, un americano. Entiendo.

Quién hubiera sabido que mi gran obsesión con la ricura de
cafeína sería la ruina de mi obsesión, aún mayor, con el acento
británico. Había pasado toda una vida perfeccionándolo, y una
taza de café lo arruinó todo.

Al final de nuestros tres días en Londres, viajamos a la estación
de trenes de St Pancras para llegar a París. En mi emoción por ver
la ciudad con la que había soñado toda mi vida, había estado tan
apurado para verlo todo y hacerlo todo que apenas había mirado
el billete del tren para ver a qué hora salíamos. Así que me sor-
prendió bastante cuando llegamos a registrarnos y nos informaron
que nuestro tren a París había salido hacía varias horas. Todavía no
estoy exactamente seguro de qué fue lo que pasó, pero tenía la impresión de que salíamos en las primeras horas de la noche, cuando
en realidad nuestro tren había salido por la mañana.

La vida se mueve bastante rápido y, si no te detienes y miras
a tu alrededor, ¡te la puedes perder!

Todavía era posible que nos ayudaran a llegar a París ese día,
pero demoraría algunas horas más, ¡y sería necesario pagar otros

setecientos dólares para hacerlo posible! Por suerte, teníamos mil dólares en nuestro fondo de emergencia y pudimos hacer el pago, pero eso dolió bastante. Todavía desearía haberme detenido un poco para «medir dos veces y cortar una» con respecto al horario de salida del tren para haberme ahorrado la frustración y el dinero. No obstante, si encontramos el lado positivo mientras nos dábamos las manos en un romántico café cerca de allí, nos dimos cuenta de que la Plataforma 9 ¾ de la Estación *King's Cross* estaba justo al cruzar la calle. Otro punto tachado en nuestra lista de cosas por hacer antes de morir. Y todavía podríamos dormir en París esa noche.

Por alguna razón, sin importar cuántas oportunidades tenga, parece que no logro meterme las lecciones en la cabeza hasta que tengo que aprenderlas a las malas. Puede que pienses que setecientos dólares sería una forma lo bastante dolorosa como para aprender a ir más despacio y prestar un poco más de atención. En cambio, estarías equivocado.

MI ÚLTIMA MULTA POR EXCESO DE VELOCIDAD

Solo unos pocos meses después de regresar de Londres, París y Roma con mi esposa, que olvidé mencionar que tenía cuatro meses de embarazo, tenía programado enseñar en una conferencia en Austin, Texas, dos semanas después que naciera nuestro hijo Ethan. Amanda nació y creció en Austin, y toda su familia estaba allí. Así que, para nosotros, viviendo en San Luis, ¡esto nos parecía una gran oportunidad para que la familia conociera a nuestro nuevo hijo! Además, esa era una conferencia de la que había querido ser parte durante algún tiempo y me sentía en gran medida honrado de que me hubieran preguntado si quería enseñar allí.

De modo que, después que la fecha en que debía nacer Ethan llegó y pasó, empezamos a ponernos un poco ansiosos por su llegada a este mundo. No solo porque Amanda tenía más de una semana de atraso y lista para dar a luz. No solo porque estábamos muy deseosos de conocer a nuestro hijo. También estábamos preocupados porque, si no nos apurábamos, ¡íbamos a perdernos la conferencia y nuestra oportunidad de visitar a nuestra familia en Austin!

Amanda probó con masajes y tratamientos quiroprácticos. Usamos aceite de ricino y comida picante. Dábamos largos paseos y pasábamos por carreteras con baches. Hicimos casi todo lo que es posible para tratar de inducir el parto. Nada resultó. Estábamos empezando a preocuparnos.

Por fin llegó el día, y Ethan hizo su aparición en su propio horario y en su propio tiempo, lo que ha estado haciendo desde entonces. Sostuve a aquel pequeño bebé en mis manos y allí, en la habitación del hospital, vimos a los Cardenales de San Luis derrotar a los Medias Rojas de Boston en la Copa Mundial, mientras le susurraba al oído: «¡Ese es nuestro juego, amigo!». Era una clase de euforia que casi no puedo describir, pero me hizo olvidar lo ansioso que estaba porque se suponía que debía estar en Austin al siguiente día para enseñar en la conferencia.

Después que nos dieron de alta en el hospital, recogimos a los niños y empacamos, e iniciamos el viaje a las cinco de la mañana siguiente, con el estado de la estrella solitaria en nuestro GPS y el estado de Misuri al fondo. Si todo salía bien y hacía que todo el mundo orinara en un vaso en vez de parar (aquí estoy exagerando y, ya que prometí no exagerar en este libro, me gustaría aclarar que nunca haría que mi hermosa esposa y madre de mi nuevo hijo orinara en un vaso), todavía llegaríamos a tiempo para que yo enseñara esa noche.

Puede que fuera demasiado entusiasta, porque lo siguiente que me pasó fue que vi luces rojas y azules parpadeando detrás de mí y un tipo que usaba unas *Ray-Ban* y que se parecía a Erik Estrada haciéndome señas para que me detuviera a un lado de la carretera.

Saqué mi licencia de conducir y la tarjeta del seguro, y se las di por la ventanilla con la otra mano en el volante, mientras los niños miraban asombrados. No tenía tiempo para discutir. Mi plan solo era mantenerme callado y dejar que me pusiera la multa para poder continuar el viaje.

—¿Sabe a qué velocidad iba?

—Estoy bastante seguro de que era solo a 137 kilómetros.

—No, señor. Inténtelo con 148.

—Lo siento mucho, señor.

Se tomó lo que me pareció como trescientos años para escribir la multa y, cuando me la entregó, pensé: *Solo pagaré esto después y seguiré con mi vida. ¿Cuán malo podía ser?*

Llegamos a tiempo a la conferencia y, por unos segundos, pensé que había valido la pena conducir con tanta negligencia y que, aunque el apuro creó cierto desperdicio, es probable que solo fueran trescientos dólares, y eso no era ni cercanamente tan malo como los setecientos dólares por el tren, así que en realidad no había salido tan mal en esa ocasión. Hasta que llegué a casa y llamé al tribunal para pagar la multa.

«Buenos días, señora, mi nombre es Stephen Miller. Me pusieron una multa hace una semana, y quisiera pagarla».

«Lo siento, señor, no puede pagar esta multa. Iba a más de veinte sobre el límite de velocidad. Tiene que venir y presentarse en el tribunal el día de su cita».

Vivo a varias horas de distancia de este pequeño pueblo en Oklahoma y la idea no me entusiasmaba mucho, así que le pedí a mi vecino abogado, a quien comencé a llamar afectuosamente Fun Bobby después que, un poco ebrio, metió la mano en una torta de fresas que Amanda me había hecho para mi cumpleaños número treinta y empezó a comérsela antes que cualquier otro de los presentes pudiera probarla. Siempre tenía una sorpresa debajo de la manga y, si alguien podía sacarme de esto, era Fun Bobby.

Sin embargo, después de asegurarme que sí podía ayudarme, investigó un poco y se dio cuenta de que, en realidad, no era la primera vez que me pasaba. Tendría que ir al tribunal por esta infracción *menor*. Mi única esperanza era que el policía no se presentara.

Ensayé mis líneas una y otra vez durante las horas de viaje hasta el tribunal. Me declararía culpable, mirando sinceramente al juez a los ojos, y le diría lo arrepentido que estaba, y le pediría misericordia. Había crecido en la iglesia y, si eso era lo bastante bueno para Jesús, debería ser lo bastante bueno también para ese tipo, ¿no es así?

El hecho de que tengo un apellido que empieza con *m* me colocó al final de una larga lista de personas que venían para sus audiencias. Lo que significaba que iba a ver cómo funcionaban las cosas. Cómo el juez trataba cada caso. Cómo los abogados interactuaban con él. El juez parecía tolerante y lógico.

Llamó a un hombre al estrado por provocar un incendio y resistirse al arresto, y lo dejó en libertad con servicio comunitario y una multa de quinientos dólares.

Al siguiente hombre le dieron servicio a la comunidad y una multa de seiscientos dólares por asalto con un arma.

Empecé a pensar que me había librado y comencé a respirar más tranquilo.

Hasta que una chica de dieciséis años de apellido Landers caminó hasta el estrado y un Estrada, esta vez sin gafas *Ray-Ban*, también se puso de pie. El juez empezó a hablar.

—Señorita Landers, está aquí por ir a 146 kilómetros por hora en una zona de un límite máximo de 112 kilómetros por hora. Oficial, ¿qué tiene que decir al respecto?

—Propongo pena de cárcel. Treinta días. Esta chica tiene que aprender —dijo el oficial.

El juez miró a la chica y dijo:

—Veo que no tienes a un abogado aquí. ¿Quieres posponer esta audiencia hasta que puedas contratar a un abogado?

No estoy seguro si se orinó en los pantalones, pero creo que yo sí. Si era así como estaban tratando a una joven que nunca había tenido una multa por exceso de velocidad, yo estaba liquidado.

La chica bajó del estrado y salió del edificio para presentarse otro día mientras gritaban «¡Miller! ¡Stephen Miller!».

Me puse de pie y sucedió lo mismo. Me negué a retrasar la audiencia debido a la falta de representación y de inmediato comencé con mi discurso.

—Me declaro culpable, su Señoría.

—¡Espera, espera, espera, espera! —me interrumpió el juez—. Aguanta un momento. ¿Estás seguro de que quieres declararte culpable de esto? ¿No quieres contratar a un abogado? ¿Eres consciente de que el oficial aquí presente te quiere meter en la cárcel?

—Sí, señor, lo sé —respondí—, pero no puedo pagar a un abogado y soy culpable. Corría a exceso de velocidad cuando sabía que no debía. Estaba apurado y no me detuve a pensar en las peligrosas consecuencias de lo que podía pasar si algo salía mal. Estoy verdaderamente arrepentido y le pido misericordia. Tengo a un recién nacido en casa y sería muy difícil para mi esposa si tuviera que pasar treinta días en la cárcel mientras ella tendrá que cuidar de nuestros cinco hijos.

> Las meteduras de pata y los errores deberían hacerte ir más despacio.

—¿Misericordia? ¿Quieres misericordia? Te voy a decir lo que yo quiero. Quiero que tus hijos tengan un padre. Quiero que tus hijos no tengan que recibir una carta ni una llamada telefónica para enterarse de que su padre murió porque iba demasiado rápido. Así que vamos a poner tu arrepentimiento a prueba. Te voy a poner en dos años de libertad condicional. Sí, dos años. Es decir, 365 días multiplicados por dos. Y si recibes, aunque sea una multa por exceso de velocidad durante esos dos años, sabré que no estás verdaderamente arrepentido y vas a estar sentado en la cárcel durante treinta días. ¿Qué te parece eso?

Salí, pagué los gastos del tribunal, me registré con el oficial a cargo de mi sentencia de libertad condicional, y regresé a casa agradecido por no haber tenido que ir a la cárcel. ¿Y sabes qué? No he recibido ninguna multa por exceso de velocidad desde entonces.

Sería fácil dejar que esos momentos me hicieran sentir mal en vez de enseñarme. Sería fácil quejarme por la sentencia, en vez de aceptar la responsabilidad y permitir que todo me convirtiera en una mejor versión de mí mismo.

La verdad es que, a pesar de lo mucho que me equivoqué, mis fracasos no fueron el final. No soy mi multa por exceso de velocidad ni mi billete del tren ni ningún otro boleto. No soy mi pedido de café en el peor de los acentos británicos ni la *ch* mal pronunciada en *Gloster*. Mi fracaso no me define, pero me puede refinar. Y lo está haciendo. Mis metidas de pata y mis errores me están ayudando a ir un poco más despacio. Los tuyos pueden hacer lo mismo contigo.

IR MÁS DESPACIO Y SOLO ESTAR PRESENTE

La vida es loca, asombrosa, maravillosa y salvaje, y creo que Dios tiene una manera de darnos oportunidades para aprender cómo ir más despacio y no perdérnosla. Cuando no aprendes las lecciones que con paciencia trata de enseñarte, de enseñarte, a veces subirá un poco la parada. Ya sea un tanque lleno de gasolina sin plomo en un motor a diésel, un pago inesperado de setecientos dólares en una estación de trenes, o dos años de registrarse con un oficial de libertad condicional, estamos rodeados de recordatorios sutiles y no tan sutiles, citando las palabras de Ferris Bueller.

Cada aliento que tenemos es un regalo. Cada momento es una bendición. Y el corre corre y las ocupaciones de la vida están todo el tiempo tratando de que vivas apurado todos esos momentos milagrosos, llenos de asombro y maravilla. Ya sea el nacimiento de tu hijo o hija, o el aroma del romance y del pan fresco que están horneando en la panadería de una estación de trenes.

No sé lo que tienes que hacer para crear un margen en tu vida que te permita ir más despacio y respirar. No sé lo que te pueda ayudar a medir dos veces para que solo tengas que cortar una. Tal vez sea dejar un espacio de treinta minutos o de una hora entre reunión y reunión. O levantarte treinta minutos antes, a fin de que no tengas que apurarte para alistarte para llegar a tu centro de trabajo.

Uno de los hábitos más importantes que empecé a cultivar en mi vida desde el año pasado es hacer cuatro pausas de un minuto a lo largo de mi día. Uso ese minuto para ofrecer todo lo que estoy haciendo a Dios en oración. Para entregarle todas mis preocupaciones y mi trabajo. Para darle todo lo que me produce ansiedad o estrés. Mis planes y oportunidades, mi matrimonio y mi dinero. Pongo una alarma y, enseguida que la escucho, dejo todo lo que estoy haciendo y me fuerzo a ir más despacio y solo *estar* presente.

No hacer nada. No luchar. Solo estar quieto.

Cuando estás apurado, te pierdes la belleza que te rodea.

Cuando estás apurado, te pierdes detalles que podrían significar la diferencia entre tener que empezar todo de nuevo y terminar temprano. (Si alguna vez has tratado de armar muebles de IKEA, sabes de lo que estoy hablando).

Cuando estás apurado, hieres a las personas. Es casi imposible ser amable con las personas que te rodean cuando las ves como obstáculos en el camino a donde quieres llegar.

Cuando estás apurado, casi nunca obtienes como resultado el llegar más rápido al lugar que vas, y casi siempre te cuesta más llegar allí.

Eso para no decir que se terminó la vida como la conociste hasta ese momento. A pesar de lo cual todo va a estar bien. Si tienes que aprender a las malas, al menos lo por fin habrás aprendido. Tal vez no del todo, ¡pero al menos lo suficiente por ahora! No te preocupes, tendrás otra oportunidad. Y puede que, tal vez, incluso puedas visitar la Plataforma 9 ¾ mientras tanto.

Puede que te pierdas algunas cosas bastante asombrosas hoy, pero esa es la belleza del amanecer. Tienes un nuevo día mañana para ir más despacio y beber profundamente de la bondad que te rodeará entonces. ¿Acaso no es esa una buena noticia?

La Biblia dice que las misericordias de Dios son nuevas cada mañana[23]. Y eso es una muy buena noticia para las personas apuradas y tercas como yo. Creo que Dios me da una nueva oportunidad todos los días para aquietar mi corazón apurado, y sacarle el proverbial jugo a la vida. Me concede la aventura de ver que las personas en mi vida son regalos y que el viaje es tan hermoso como el destino.

Este año pasado, cambié el tono de la alarma con que me despierto a la nostálgica voz grave de Louis Armstrong cantando «What a Wonderful World» [Qué mundo tan maravilloso]. Esas son las primeras palabras que escucho cada día. Las lentas notas que fluyen de la guitarra me inducen sutilmente a ir más despacio y a recordarme que «vea» la maravilla de cada momento. Es mi canción favorita de todos los tiempos, y lentamente está dando forma a mi apurado corazón.

La vida se mueve bastante rápido. No obstante, todo va a estar bien si no te mueves rápido con ella. Ve más despacio. Detente y mira a tu alrededor. No te lo pierdas.

CAPÍTULO 9

¡RESULTA QUE PUEDES BEBER CHIANTI CASI EN CUALQUIER LUGAR!

A veces el mejor orden a seguir es el cronológico. Por supuesto, las redes sociales se olvidaron de eso hace mucho tiempo, dándonos algoritmos que nos muestran lo que quieren. Odio eso porque me parece que quizá me pierda muchas cosas, pero este enfoque no siempre es malo. A veces lo cronológico es aburrido. Hacer las cosas fuera de orden a menudo hace que estas se vuelvan más interesantes.

Como ver *Perdidos* con sus millones de retrospectivas que añaden cuerpo y desarrollo del carácter capa tras capa. O *Tenet*, donde no sabes exactamente en qué línea cronológica estás, y no estás seguro si alguna vez lo sabrás, ¡pero es el no saber lo que lo une todo en una suerte de satisfactorio y alucinante banquete de ciencia ficción intelectual!

Me gusta cuando las películas, los programas de televisión o los libros no se guían por las reglas, porque a mi personalidad de espíritu libre, del tipo de «ven conmigo y estarás en un mundo de pura imaginación» no le gusta guiarse por las reglas tampoco[24]. Este enfoque me ha enseñado que todo va a estar bien de la forma más dura (pero que vale la pena), con un fracaso épico.

De modo que, mientras que he ido para adelante y para atrás con mi editor con respecto al orden de los capítulos en este libro, hemos pensado mucho en el hecho de si estas historias

necesitan estar en orden cronológico. Y, la mayoría de las veces, creo que hemos llegado a la conclusión de que es mejor
mantener la variedad temática de las lecciones que he aprendido de las cosas estúpidas que he hecho. Sin embargo, en este
caso en particular, creo que es mejor regresar a una historia del
último capítulo, en París.

Así que cierra los ojos e imagínate esto.

Allí estábamos, en el tren estacionado en la estación de París
Norte, dos chicos locamente enamorados en nuestro décimo
aniversario, setecientos dólares más pobres que hacía unas pocas
horas, pero llenos de vida y alegría de todos modos. Casi esperaba bajarme del tren y que me recibiera una escena de *Hugo,* pero
en vez de eso, me saludó un anuncio de *R3sacón* en francés, y ni
la más mínima pista de cómo llegar a nuestro hotel. Gracias a
Dios por el traductor de Google y una comprensión decente de
los idiomas basados en el latín.

Por fin encontramos el hotel y nos dispusimos a hacer lo
único que todos los blogs sobre comida nos decían que teníamos que hacer en París. Comer mantequilla. Una copio-
sa cantidad de ella. En cualquier momento que pudiéramos
tenerla a mano. Comimos lo que estimo sean diecinueve
kilos de mantequilla durante esos tres días. Prácticamente
cualquier cosa sobre la que pudiéramos poner las manos era
solo un vehículo para que esa deliciosa bondad cremosa nos
transportara otra vez al éxtasis.

Bailamos en el patio del Louvre, comimos creps y tomamos
café al lado del río Sena, bebimos vino en el césped de la Torre Ei-
ffel, comimos el más exquisito y perfecto helado que existe de Ber-
thillon mientras recorríamos la catedral de Notre Dame, íbamos
de compra por los Campos Elíseos mientras bombardeábamos con

fotografías el Arco de Triunfo. Vimos cada metro cuadrado de la Ciudad del Amor y de la Ciudad de la Luz desde un autobús turístico con paradas libres. La arquitectura. La belleza. El romance. La historia. Todo esto, y todavía la *mantequilla* es lo que dejó su marca eterna en nuestras almas más que cualquier otra cosa. Los blogueros gastronómicos tenían razón. Siempre la tienen.

Así que, mientras nos dirigíamos a Roma, diez kilos más gordos que tres días antes (hablo por mí; Amanda estaba comiendo por dos, muy embarazada con nuestro quinto hijo, Ethan, que devoró toda aquella mantequilla desde el vientre sin que Amanda ganara un kilo), no estábamos seguros de que podríamos amar una ciudad más que a París. Y sobre todo porque nuestro recorrido en taxi hasta el hotel, justo dentro de los muros del Vaticano, estuvo cubierto por las nubes negras de un torrencial aguacero que nos impidió ver otra cosa que no fuera la cortina de lluvia que inundaba nuestras ventanillas.

Prácticamente nos lanzamos desde el auto al vestíbulo del hotel de una manera que habría enorgullecido a James Bond, maletas en mano, y nos dirigimos por los pasillos a nuestra habitación mientras la lluvia seguía azotando el hotel. No pude evitar pensar: *«Por favor, Dios, no permitas que esto sea todo el tiempo que pasemos en Roma»*.

Nuestro vuelo a Italia esa mañana salía a las 5:00 a. m., lo que significaba que teníamos que estar allí a las 3:30 a. m., es decir, levantarnos a las 2:30 a. m. Para alguien como yo, que necesita dormir unos cuarenta y cinco minutos al día, esto no es un problema. Sin embargo, para una mujer que prefiere dormir nueve horas cuando *no* está embarazada, te podrás imaginar que mi esposa, que estaba produciendo sola toda la energía para dos seres humanos completos, necesitaba una siesta.

Traté de acostarme al lado de ella para que nuestras primeras experiencias en Roma fueran juntos, pero mi mente iba demasiado rápido. Como un fanático de la historia, estaba en el lugar supremo. Quería verlo todo. Hacerlo todo. Probar todas las cosas. ¡Tomar todas las fotos! No quería estar encerrado en un hotel, y mi síndrome FOMO [temor a perderse algo] estaba empezando a dispararse.

Así que, cuando la respiración de Amanda se volvió estable y más lenta, susurré una oración. *Dios, haz que esta lluvia pare... algo así como... ¿ahora?*

Dios tiene que haber escuchado el temblor en mis súplicas casi inaudibles porque, en ese mismo momento, no estoy bromeando, la lluvia paró. Me sentí como Elías. Salté de la cama con el sigilo de un ninja, me puse los zapatos, y luego abrí y cerré la puerta de la habitación del hotel tan suavemente como pude para ir a «echar un vistazo» a las calles que rodeaban el hotel. Lo que sucedió después fue como Dorothy cuando se despertó en Oz.

Las puertas del hotel se abrieron desde adentro para dar paso a un sol radiante que me iluminó el rostro, con el viento despeinándome el cabello, el sonido de música de acordeones tocando (literalmente, música de acordeones reales tocada por músicos de acordeones reales). Los vendedores callejeros estaban abriendo sus cafeterías de expreso en cada esquina. Me acerqué y ordené un capuchino doble y, hasta el día de hoy, es el mejor café que me he tomado.

Las personas estaban cantando a todo pulmón en las calles. No solo raros como yo que cantan a todo pulmón todo el tiempo. Bailando. Riéndose. Empecé a preguntarme si *en realidad* aquel lugar sería mi casa. Porque soy lo que la gente en Hollywood llamaría «étnicamente ambiguo». Parece que podría ser turco, mexicano o, en esencia, de cualquier parte. ¡Tal vez era italiano después de todo! O tal vez todavía estaba acostado en la cama del hotel, y me había quedado dormido y estaba soñando esta utopía que estaba experimentando.

Me apresuré a regresar a la habitación del hotel para, primero que todo, asegurarme de que no estaba todavía acostado al lado de Amanda y, en segundo lugar, ¡despertar a su lindo cuerpo embarazado para que pudiera venir a ver! Le sacamos el jugo a la vida durante los dos días siguientes, con huesos cansados y todo.

Nos estábamos quedando en el Vaticano, así que nuestra primera parada fue a una cuadra de distancia, para hacer un recorrido por la basílica de San Pedro. Luego nos subimos a nuestro autobús turístico con paradas libres para ver el Coliseo, la Fontana di Trevi, el Panteón y el Foro Romano, y para comer en todos los restaurantes, pero *definitivamente* no para ordenar la lasaña o pizza, pues eso es lo que hacen los turistas y nosotros no éramos turistas. Éramos honorables italianos por tres días. Durante nuestra última noche, antes de probar el *gelato* más increíble del mundo (ni siquiera me gusta el *gelato*, pero esta cosa te maravillaría; era el verdadero *gelato*), nos fijamos en un restaurante en particular que estaba al final de la calle de nuestro hotel y supimos que teníamos que ir allí.

NUESTRA ÚLTIMA NOCHE EN ROMA

Entramos y, en el momento en que nos sentamos, el dueño se acercó y nos saludó con la clase de amabilidad que esperarías de tu benévolo abuelo que creías perdido y que no habías visto durante décadas, ¡pero no importaba porque *estabas en casa*! No acabábamos de decidir qué íbamos a ordenar, pero habíamos escuchado que el truco es preguntar a los meseros de qué se sienten más orgullosos y dejar que ellos pidan por ti. ¡Así que eso fue lo que hicimos! Empezaron a traernos todos los aperitivos, entrantes, pasta, mariscos, en fin, lo que te puedas imaginar, de los que jamás había escuchado, ¡y cada uno de ellos era la mejor cosa que jamás hubiera probado!

Un camarero nos pasó por el lado con una bebida en particular que se veía bien, y le pregunté: «¿Qué están bebiendo ellos?», y entonces nos trajeron la sangría blanca por la que había preguntado, y también todas las bebidas que estaban en el menú con la clase de sonrisa orgullosa que dice: «Esta es la mejor bebida... No, *esta* es la mejor bebida... No, ¡*esta* es la mejor bebida! *No, ¡esta es la mejor bebida! No, ¡esta es la mejor bebida!*». Ya tienes la idea.

Era algo mágico. Empecé a preguntarme si nos estarían engordando para después matarnos. Tal vez podían oler los diez kilos de mantequilla que me latían en las venas. Pero aún más importante, ¿cuánto iba a costar esto? Solo me quedaban trescientos dólares en el fondo de emergencia. Entonces, cuando llegó la hora de la cuenta, el dueño caminó hasta nuestra mesa, cantando, por supuesto, y dijo que todo iba por la casa. Traté de dejar una propina, pero me dijo que todo su personal trabajaba con un salario fijo y que no aceptaban propinas. Así que, en vez de eso, compré tres botellas de su mejor Chianti para mi suegro, ¡con el objetivo de apoyar a esas personas que habían hecho de esa noche la mejor de nuestras vidas hasta ese momento! No sabía nada de vinos y todavía no sé nada, pero el papá de Amanda hablaba del

Chianti más que de cualquier otra cosa que puedo recordar, excepto lo de tomar buenas decisiones, medir dos veces y cortar una, y cosas por el estilo. Me imaginé que podía anotarme algunos puntos y matar dos pájaros de un tiro.

¿Sabes cómo a veces piensas que estás prestando atención a los detalles, pero que no estás viendo todos los detalles? Sí, eso fue lo que me pasó. Los problemas empezaron al día siguiente cuando estábamos pasando por la seguridad del aeropuerto para volar a casa y darle las susodichas botellas del Chianti que le cambiaría la vida a mi suegro, quien a partir de ese momento, me consideraría digno del amor de su hija de una vez y para siempre.

Estaba más que seguro de que, si empacaba las botellas de Chianti en mi maleta, algún descuidado cargador de maletas del aeropuerto la tiraría lo más fuerte que pudiera contra la pista, destrozando así las tres botellas del suero de «yerno favorito». Así que, en lo que pensé que era una jugada brillante, saqué todo lo que normalmente pondría en mi equipaje de mano, lo metí en mi maleta, facturé la maleta y procedí a meter unas botellas de vino bastante grandes en mi mochila. ¿Qué podía salir mal?

La seguridad del aeropuerto, eso.

—Señor, no puede entrar con botellas de vino al avión —dijo el oficial de seguridad en el más amable acento italiano.

Algunos acentos no parecen amables. Algunos parecen rudos y molestos. Algunos te hacen pensar que vas a morir de miedo. En cambio, no es así en el italiano. Este tipo me estaba diciendo una dura verdad, pero se sentía como un cumplido. Es asombroso lo que puede lograr un acento matador.

—Oh, lo siento, no me di cuenta de que no podía llevar vino conmigo a mi casa. Es para mi suegro. ¿Hay algo que podamos hacer al respecto? Es algo así como mi billete para ser amado como el yerno favorito por el resto de mi vida. Así que es muy importante.

—No se trata del vino. Es que cada una de esas botellas es como dieciséis veces más grande que el número de onzas de líquido reglamentario que puede subir a un avión.

—Ooooooohhhhh... —estaba empezando a entender.

—Así que tiene dos opciones. Puede botarlas o puede dárnoslas y hacer muy felices a dos oficiales de seguridad del aeropuerto.

Escogimos lo segundo, y las sonrisas en los rostros de aquellos guardias todavía las tengo grabadas en mi mente hasta el día de hoy. Me imagino que tienes que lidiar con muchos viajeros enojados en esa línea de trabajo, especialmente si debes decirles que tienen que botar una preciosa carga, así que algo como eso les alegró el día.

LOS DESPISTES MENTALES Y LAS BENDICIONES

A veces, los inconvenientes o incluso los contratiempos irritantes con los que nos tropezamos son, en realidad, las mejores oportunidades de ser una bendición para alguien. A veces, esos contratiempos son el resultado directo de nuestra falta de atención a los detalles o de los despistes mentales que nos impidieron pensar las cosas de la manera adecuada. Y pueden ser muy frustrantes en ese momento, porque casi siempre significa que te vas a perder algo que de veras esperabas o deseabas. Sin embargo, ¡todo va a estar bien!

¡Resulta que puedes comprar Chianti casi en cualquier lugar! Varios años después, encontré la misma botella que intentamos traer a casa en un supermercado en Texas (¡gracias, H-E-B!) ¡y pude dársela a mi suegro de regalo por su cumpleaños después de todo! Y, aunque ya me había ganado bastante mi lugar en su corazón como el mejor yerno de todos los tiempos para ese entonces, rara vez he tenido oportunidades de bendecir a personas que puede que lo necesiten en el momento exacto de mis errores más frustrantes.

Me equivoco en esto más de lo que acierto. Sin embargo, estoy creciendo y estoy aprendiendo. ¡En todo caso lo estoy intentando!

En otro viaje de aniversario de bodas, nuestro número dieciocho para ser específico, fuimos al Parque Nacional Zion. Nos íbamos a quedar en un Airbnb a aproximadamente cuarenta y cinco minutos del parque, y solo había un restaurante cerca. Después de llamar varias veces para tratar de ordenar algo para llevar y no recibir respuesta, decidí conducir hasta allí y hacerlo en persona.

La camarera era muy amable y atenta. Una joven universitaria que parecía ser bastante nueva allí, pero te podías dar cuenta de que se estaba esforzando bastante. Puse mi orden y me dijeron que demoraba más o menos una hora, así que conduje de vuelta a nuestro Airbnb y esperé con Amanda.

Cuando regresé al restaurante, esperé otros cuarenta y cinco minutos antes de que alguien reconociera siquiera mi existencia y, aunque estaba tratando de pasar el tiempo lo mejor posible viendo vídeos de YouTube sobre excursiones a Angels Landing, podía sentir cómo me iba llenando de frustración y pensé hasta en cancelar la orden por completo. Aun así, ya había pagado y me moría de hambre después de un día de caminatas con muy poca comida.

Justo entonces entraron dos parejas mayores, tal vez en sus ochenta años, muy elegantemente vestidos. Dos hombres con traje y corbata, con brillantes zapatos y sonrisas tan grandes como el cielo. Sus esposas tomadas de sus brazos, una con un vestido rojo, la otra con un vestido blanco y negro de lunares, ambas con zapatos de tacón alto, el cabello perfectamente arreglado y pintalabios rojo brillante. ¡Podías adivinar que habían estado esperando esa noche y probablemente durante algún tiempo!

La camarera regresaba de un descanso y los vio acercarse al mostrador. Fue un poco duro para mí ver que los había notado a ellos y no a mí, el tipo que había estado parado allí esperando pacientemente durante cuarenta y cinco minutos. Pero claro, yo estaba usando ropas de hacer ejercicio y ellos, en esencia, habían salido de la portada de *GQ*. No cabe duda de que unos llaman la atención más que otros.

Cuando se acercaron, dijeron sus nombres con el más dulce: «Mesa para cuatro; ¡es nuestro aniversario!». Probablemente era lo más tierno que había visto en mi vida. Sin embargo, mientras la camarera miraba su lista de reservaciones, pude darme cuenta de que empezó a sudar.

—Lo siento, pero parece que ustedes reservaron para el próximo miércoles, no para esta noche.

El corpulento y calvo caballero de la derecha dio un paso adelante con calma y respetuosamente se quitó su sombrero de fieltro, de los que no pasan de moda, mientras buscaba en el bolsillo de su chaqueta para sacar una tarjeta de reservación que mostraba esa hora exacta de esa noche exacta.

—No, señorita, era para esta noche.

La camarera empezó a entrar en pánico, y también el entrenador que se acercó al mostrador para ayudar.

—Lo siento, no tenemos capacidad esta noche. Tenemos una fiesta de bodas que va a llenar todo el restaurante. De hecho, hace una hora que cerramos para la fiesta.

Esperaba un alboroto. Los planes de esos señores se habían arruinado. La cena de aniversario para la que claramente habían estado planificando y para la que se habían estado preparando con mucho tiempo y prestando atención a cada detalle para hacer de aquella una noche especial, no tendría lugar.

Por el contrario, me quedé estupefacto, sorprendido y desafiado de la manera más profunda e inesperada. En vez de ira, una voz gentil y calmada empezó a animar a la chica como un abuelo amoroso.

—Señorita, usted es hermosa y maravillosa, y sabemos que está trabajando duro. Este error le pudo haber pasado a cualquiera. Solo puedes jugar con las cartas que tienes en la mano, y esta cena esta noche no estaba en nuestras cartas. Regresaremos el próximo miércoles y estamos ansiosos porque llegue. ¿Nos vemos entonces?

Le sonrió, le dio unas palmaditas en el hombro, y volviéndose a sus tres acompañantes con una señal, le extendió su brazo a su esposa para que lo tomara, y salieron con más clase de la que jamás he visto en cuatro seres humanos.

Me volteé para mirar a la camarera y pude ver las lágrimas en sus ojos. La clase de lágrimas que parecen implicar que tal vez alguien la había notado por primera vez. La clase de lágrimas que muestran que sintió que tenía valor y que era importante, cosa que casi nunca sientes de parte de otras personas. Ese momento cambió su día, y tal vez su vida.

Sé que cambió la mía.

—Nunca he visto algo como eso. ¡Qué grupo de personas tan admirables! —dije.

Alzó la vista para mirarme, como si me estuviera viendo por primera vez, y dijo:

—Ni yo tampoco. Voy a llorar. ¡Ay, su comida! ¡Cerramos justo después que usted se marchó, y la cocina todavía no la ha preparado! ¡Lo siento mucho! ¡Enseguida se la traigo!

> No seremos así a los ochenta si no somos así ahora

Por supuesto que ahora el estándar había quedado establecido. ¡No podía sentirme frustrado en ese momento! Acababa de ver lo que podían haber sido ángeles disfrazados tomar su frustrante contratiempo, que no era resultado de sus propias acciones, sino de las de otra persona, y no reaccionar con otra cosa que no fuera gracia compasiva y amorosa bondad.

Llamé a Amanda para contarle la historia mientras esperaba a que nos prepararan la comida.

—Así es como quiero que seamos cuando tengamos ochenta años.

—Bueno, es probable que no seamos así cuando tengamos ochenta años si no somos así ahora, así que deberíamos empezar a trabajar en eso hoy mismo.

Nos reímos. Mi esposa es muy sabia y perceptiva. Y he contado esa historia innumerables veces desde entonces.

ALÉGRALE EL DÍA A ALGUIEN

¿Cómo lo hago yo, cómo lo haces tú, cómo empezamos a mirar nuestros contratiempos a la cara y no solo decirnos a nosotros mismos que todo va a estar bien, sino dar un paso más y decir: *¿Cómo puedo ser una bendición en medio de esto?*

Nuestros contratiempos no siempre son el resultado de nuestros fracasos ni de nuestras equivocaciones. Sin embargo, eso no significa que no podamos aprender de ellos. No son el final. No nos definen. En su lugar, pueden refinarnos.

Quizá el contratiempo no te haya ocurrido *a* ti; ocurrió *para* ti. ¡O *para* otra persona!

Quizá esos momentos tan frustrantes, causados por nuestras propias manos o las de otros, solo sean oportunidades para alegrarle el día a alguien. Para cambiar el mundo de las personas y el nuestro.

Hay poder en eso. Y esa es la clase de poder que quiero. Ser ese hombre, no solo cuando tenga ochenta años, sino aquí y ahora.

CAPÍTULO 10

ESA VEZ QUE CASI MUERO *DE NUEVO*

Tengo una facilidad para estar a punto de morir. No sé cómo decirlo de otra manera. He tenido más escapadas por los pelos de las que creo que cualquier persona merece. Diría que soy como un gato que tiene nueve vidas, pero creo que ya me he pasado bastante del límite de nueve vidas.

Cuando le dije a mi esposa que iba a escribir un capítulo sobre todas las veces que casi muero, dijo: «Oh, ¡ese va a ser un capítulo muuuuuy largo!».

Puede que tal vez te quieras sentar para leer este, si es que ya no estás sentado. Quizá puedas buscar una cómoda hamaca o algo.

En un esfuerzo por ser transparente, he confiado a mi comandante en jefe a cargo de chequear los hechos (también conocida como Amanda) la tarea de asegurarse de que me mantenga fiel a mi promesa de no exagerar los hechos de ninguna de estas historias. Puedes estar seguro de que cada palabra es verdadera y contada de la mejor manera que recuerdo.

Cuando estaba en tercer grado, había ahorrado bastante dinero de mi trabajo podando céspedes y por fin tuve lo suficiente como para comprar mi primera bicicleta. Había estado echándole el ojo a una Huffy en los estantes de Walmart durante poco más de un año, y cada vez que ponía a funcionar la manivela de la podadora, me imaginaba saltando en las curvas y aprendiendo nuevos trucos para impresionar a las chicas del barrio. En mi cabeza, ya era un maestro de kung-fu, practicando con enemigos imaginarios en el jardín del frente de mi casa día tras día, con los movimientos que había aprendido de las Tortugas Ninjas, Jean-Claude Van Damme, Steven Seagal y Bruce Lee, todos mis mentores personales. Me ponía mis vaqueros y mi camiseta de rugby, y me iba al pueblo, pasando de las volteretas y los saltos mortales a patear el aire lo más alto que podía. Sin embargo, estas habilidades jamás parecieron haber impresionado a las damas. Así que, con toda seguridad, si tenía una Huffy, sería todo lo que necesitaba para hacer que me notaran para algo más que una buena risa.

Había una señora mayor unas cuadras más abajo, en la esquina, que era una constante fuente de ganancias para mí. Pero más allá de eso, de ánimo. Tenía un pequeño perro pug y se sentaban juntos en el portal a mirarme mientras podaba céspedes, desde la primavera hasta el otoño. Tenía una caja de helados de naranja en el congelador para tales ocasiones, los que partía a la mitad y me daba mitad a mí y la otra al perrito. Cuando no había nada que podar, me preguntaba si podía recoger hojas. Creo que le gustaba la compañía tanto como un patio limpio. Cuando un día le dije que por fin había reunido ciento veinticinco dólares para la bicicleta que quería, se llenó de alegría.

«Bueno, esperemos que encuentres algo más para lo que quieras ahorrar, para que sigas viniendo a ayudarme con mi patio», me dijo riéndose mientras me daba la mitad de un helado de naranja.

Cuando regresé a la semana siguiente, más que un poco perezoso porque mi familia había necesitado el dinero de mi bicicleta para comprar comida y ahora tenía que empezar otra vez de cero, ella fingió que no había visto nada.

«Stephen, has hecho un trabajo muy bueno. Pero creo que hoy hiciste un trabajo *extra* bueno. ¡Así que te voy a pagar un poco *extra*!», dijo cuando abrió su pequeño monedero y sacó un bultito de billetes doblados y contó seis billetes de veinte dólares antes de dármelos.

«¿Cuánto me dijiste que costaba la bicicleta? Creo que esto será suficiente». Me quedé boquiabierto. Eso era seis veces más que lo que cobraba usualmente, menos el helado de naranja. «Ahora ve y compra esa bicicleta hoy».

Le di un gran abrazo, lleno de alegría, con lágrimas en los ojos, y corrí a la casa para decírselo a mi mamá, quien me llevó a Walmart más tarde ese día para recibir mi premio. ¡Por fin! ¡Tenía una bicicleta! Por supuesto, continuaría mi entrenamiento para convertirme en un maestro ninja del más alto orden. Aun así, esto me daría esa ventaja extra.

Llegamos a la casa y enseguida me puse mi casco y fui andando con la bicicleta hasta el punto más alto de la colina cercana a donde vivíamos. En tercer grado parecía como más de un kilómetro de alto, con una pendiente de sesenta grados hasta la parte más baja, donde estaba nuestra pequeña casa de alquiler. Como un buscador de aventuras desde que era pequeño, estaba decidido a vivir una

> Siempre hay un lado positivo.

emoción arduamente ganada. Empecé a bajar la colina pedaleando lo más rápido posible para ganar la máxima velocidad posible cuando, en la parte baja de la colina, mi mamá salió y me gritó que fuera más despacio y que fuera a comer.

Por supuesto, no sabía nada sobre la fuerza centrífuga, la inercia y ni siquiera sobre los frenos en lo que a eso respecta. Doblé a la izquierda lo más rápido que pude y, antes de que pudiera disminuir la velocidad, aunque fuera un poco, mi rueda delantera chocó con la acera y me envió volando sobre el manillar de la bicicleta hasta aterrizar directamente sobre mis rodillas, que patinaron por el pavimento de concreto más de tres metros, dejando mi piel y como medio litro de sangre a mi paso.

Me dolía, pero mi mayor preocupación empezó cuando miré la rueda delantera de la bicicleta, que estaba doblada y torcida como una papa frita. Mi primer día con una bicicleta y ya la había arruinado. Sin embargo, al menos estaba vivo. Y tenía algunas cicatrices de guerra para mostrar, lo cual había escuchado que también era bueno para impresionar a las chicas. Siempre hay un lado positivo.

CHARLES A CARGO

Ahora vamos a ir más adelante en el tiempo, diez años más tarde, después de casi nueve experiencias cuando estuve a punto de experimentar la muerte. Amanda y yo acabábamos de regresar a la casa de sus padres después de una salida para almorzar, una calurosa tarde de sábado en Texas. Luego de intentar abrir la puerta cerrada, me acordé de que siempre tenían una llave debajo de una rana de porcelana en un mueble que estaba en la esquina derecha del portal. Justo cuando levanté la rana y extendí la mano para agarrar la llave, sentí un agudo ardor en mi mano y la saqué lo más rápido posible para ver una avispa que salía de su madriguera. Hay una vena en la parte de atrás de la mano que, en mi caso, se hace más visible cuando tengo calor, y ese insecto me había picado justo en la vena. *Dolía*, pero por lo que podía ver, estaría bien. Así que agarré la llave, abrí la puerta, tomé un vaso de agua y salí al granero para ver si el papá de Amanda necesitaba ayuda con los caballos.

Antes de que pudiera decir una palabra, Charles me preguntó:

—Stephen, ¿estás bien?

Me miró con preocupación, a la manera de «¿qué rayos pasa contigo?» y empezó a preocuparme un poco.

—¡Por supuesto! ¿Por qué? Es decir, me acaba de picar una avispa, pero me siento bien. ¿Por qué preguntas? Bueno, supongo que mi corazón *está* latiendo un poco rápido y como que se siente que está golpeando duro en mi cabeza. Pero me siento bien.

—Bueno, Stephen, te estás poniendo morado y estás temblando con escalofríos. ¿Alguna vez te ha picado una chaqueta amarilla anteriormente?

—No, que yo sepa.

Me llevó a la casa enseguida, llenó una bañadera con agua fría y hielo, me dio un poco de benadrilina y llamó al médico. Después de haber pasado como una hora congelándome en un baño de hielo, el color morado, la inflamación y los escalofríos disminuyeron un poco y el ritmo cardíaco bajó. Todo iba a estar bien. Iba a necesitar ponerme una EpiPen porque, al parecer, si eres alérgico a las avispas chaqueta amarilla, no te mejoras con el tiempo. Si eres alérgico a muerte, tienes alergia mortal. Y aprendí algo nuevo ese día: ¡tengo alergia mortal! Sin embargo, al menos tuve una enfermera superlinda que me ayudó a recuperar la salud. No, no me refiero al papá de Amanda, ¡sino a su hija!

Amanda se sentó a mi lado, sosteniéndome la mano todo el tiempo mientras pasaba el efecto de la benadrilina y por fin desperté. Siempre hay un lado positivo.

No recomiendo dejarse picar por una avispa chaqueta amarilla para llamar la atención de una chica, así como tampoco recomiendo hacer kung-fu en el patio de tu casa ni arruinar tu bicicleta nueva. No importa lo bueno que seas usando la hoja de la sierra de tu papá como una estrella ninja ni cuán alto puedas volar sobre el manillar de la bicicleta cuando chocas contra la acera. Se necesitaría una persona muy especial para que una de esas dos cosas diera resultado en realidad. Pero hay algo acerca de las experiencias en las que ves la muerte cara a cara que tiene la manera de fusionar dos almas, y definitivamente me enamoré más de esa chica aquel día.

Un par de años después, el papá de mi enfermera me contrató para que administrara la arena de rodeo para la que lo habían contratado, con el objetivo de que cambiara las cosas. Había estado perdiendo como cien mil dólares al año por más tiempo del que todos podían recordar y necesitaba algunos cambios. Para un trabajo del que odié cada segundo durante tres años, con toda seguridad tengo muchas historias divertidas de ese lugar. Una cosa era constante: cada semana era diferente.

Una semana auspiciábamos una feria y, cuando llegaba, tenía que limpiar todos los lugares donde los trabajadores del carnaval decidieron, hacer el número dos en el suelo porque no podían entrar de noche a los baños.

Otras semanas, limpiaba vómito luego de un fin de semana largo de desvaríos de las fiestas del Cinco de Mayo, donde las personas se emborrachaban tanto que no podían aguantar bien su estofado. Entonces, tan rápido como fuera humanamente posible, teníamos que encontrar la manera de hacer que el lugar no oliera a vómito, pues estábamos a solo unas horas de un evento donde llegarían caravanas de caballos de más de un millón de dólares con algunos de los jinetes más ricos y exitosos del mundo, y no eran demasiado fanáticos del penetrante y singular aroma.

Celebrábamos conciertos, ventas de carneros, espectáculos de caballos, de ganado y de perros (nunca me había dado cuenta de lo exacto que era el concurso *Best in Show* hasta que tuve este trabajo), carreras de obstáculos, subastas de autos, carreras de bicicletas y sí, hasta rodeos.

Trabajar en un centro de eventos tan multifacético significaba que teníamos que transformar la propiedad muy a menudo. Un día teníamos 120 casillas de caballos preparadas; al siguiente, los sacábamos todos, aplanábamos la arena y poníamos alfombras de goma para que las personas caminaran cómodamente por todo el edificio.

Aprendí a conducir un tractor y, además, un montacargas. Y los usé *mucho* a ambos. Sin embargo, cuando el lugar que administras no ha tenido ganancias durante más de veinte años, no tiene el dinero para comprar lo que se pueden considerar equipos de último modelo. Así que, aunque mi suegro había llegado a un acuerdo con una compañía local para que donara un tractor nuevo, nuestro montacargas seguía siendo un dinosaurio de la edad antigua, un tanque Ford de color amarillo mostaza que pesaba cerca de dos toneladas. El beneficio de un montacargas de esta magnitud era que podía levantar mucho peso y cada semana lo cargábamos al límite.

En cierta ocasión habíamos contratado dos eventos bastante grandes uno detrás del otro y estábamos pasando aprietos para transformar la arena tan rápido como fuera posible. Esa tarde tenía un evento con mi banda y necesitaba irme temprano, así que decidí ir a trabajar unas cuantas horas más temprano y empezar a sacar casillas de caballos. Nuestro proceso era bastante simple:

1. Sacar las barras que unían cada uno de los paneles de acero puro de tres metros y noventa kilos.

2. Bajar los paneles despacio para colocarlos en el montacargas, poniéndolos uno encima de otro hasta llegar a quince.

3. Subirse al montacargas y apilar los paneles contra las columnas de la cerca perimetral, que estaba a una distancia como de treinta metros.

4. Bajarse del montacargas y poner un bloque de madera en cada una de las cuatro esquinas de la columna de paneles.

5. Subirse otra vez al montacargas y alinear las extensiones con los bloques de madera.

6. Bajar los quince paneles hasta que descansaran en las columnas y los bloques.

7. Regresar y repetir los pasos del uno al seis hasta que las 120 casillas estuvieran desarmadas.

El trabajo era bastante riguroso, y casi siempre tenías un compañero para que te ayudara con la tarea. Pero debido a que estaba apurado, tontamente decidí hacerlo solo para ganar tiempo. Había solo un problema. Ese día en particular, surgió (digamos) una «situación» más o menos en el cuarto paso. Mi viejo montacargas de mil seiscientos kilos con su carga de más de mil trescientos kilos decidió cambiar de la posición de estacionamiento a neutral, justo cuando estaba apilando los bloques de madera, ¡y rodó hacia mí para quedar atrapado entre el montacargas y la columna de paneles que estaba preparando!

Para ser sincero, de todas las veces que he probado la muerte, ninguna se acercó a la sensación de que vas a morir aplastado por un montacargas apilando casillas de caballos. Qué forma de morir tan absurda habría sido esa.

Dicen que, en momentos como este, ves toda tu vida delante de tus ojos. No en mi caso. Lo único que vi delante de mis ojos fue el titular «Estúpido trabajador de rodeo aplastado por un montacargas mientras trabajaba solo».

Con el objetivo de evitar una muerte tan absurda y legendaria, empecé a orar al Dios de Abraham, de Isaac y de Jacob para que la fortaleza de Sansón llenara mis huesos, mis músculos y mi sistema cardiovascular, solo que en este caso no para destruir todo un ejército con una quijada de burro, sino para poder salir de aquello y vivir para administrar la arena de rodeo otro día más.

Buenas noticias. Dios escuchó mi breve oración y la adrenalina o algo empezó a fluir, y pude doblar las piernas con los pies haciendo presión contra los paneles y empujar el montacargas lo suficiente como para escabullirme y salir de su camino.

LO QUE TE DARÁ UN ROCE CON LA MUERTE

Dos cosas pasaron ese día.

Juré que nunca más me saltaría el día de piernas en el gimnasio.

Toqué en el mejor espectáculo de mi vida esa noche. Mi banda era algo así como una banda del tipo gritón y, sin lugar a dudas, esa noche grité más alto de lo que jamás había gritado y moví la cabeza con mi cabello negro y largo más fuerte de lo que nunca antes lo había hecho.

¡Estaba vivo! ¡Quemándome! No literalmente. Pero en sentido figurado. Aunque, ahora que lo pienso, quemarnos habría llevado aquel espectáculo a otro nivel muy superior.

La película *El club de la pelea* tiene una escena en la que Tyler Durden (Brad Pitt) y el Totalmente Falto de Sorpresas Jack (Edward Norton) le roban a mano armada al dependiente de una tienda de barrio llamado Raymond K. Hessel y lo amenazan con matarlo si no empieza a luchar por su sueño de convertirse en veterinario. La escena es bastante intensa, uno siente como que ha salido de la nada y, a decir verdad, es loca por completo, como la mayor parte del filme. Sin embargo, al final del encuentro, mientras Raymond huye, Tyler explica el sentido de su locura, literalmente, cuando dice: «Mañana será el día más hermoso en la vida de Raymond K. Hessel. Su desayuno sabrá mejor que cualquier comida que tú y yo jamás hayamos probado»[25].

Tal vez nunca hayas visto *El club de la pelea*, y puede que no tengas ninguna intención de hacerlo. Está bien. No es para todo el mundo, a pesar de lo icónica que es. En cambio, Tyler sí tiene razón en algo, a pesar de que los métodos para demostrarlo fueron, digamos, no muy legítimos.

Los roces con la muerte tienden a darnos perspectiva. De repente, todas las ansiedades y las preocupaciones que casi siempre tenemos no parecen tan grandes. Las montañas del tamaño de un grano de arena regresan a su justo lugar. El aire nos parece un poco más fresco. La cama se vuelve un poco más cómoda. Empiezas a darte cuenta de que, en realidad, todo va a estar bien.

La verdadera sorpresa es cuando te das cuenta de que todo el tiempo ha sido así. Nada ha cambiado en realidad, excepto tu perspectiva sobre la vida. Nuestras situaciones y circunstancias siempre están cambiando. La única constante es que a veces la vida es dura, frustrante y llena de incertidumbres e incoherencias.

Siempre habrá un mejor tiempo para perseguir tus sueños. Para dejar el trabajo que odias y que te agota día tras día, y empezar a hacer algo que de veras amas. Para por fin casarte o empezar una familia. Cualquiera que sea tu realidad. Siempre habrá excusas. Siempre puedes viajar más o hacer más dinero o hacer esto o aquello. Siempre habrá obstáculos. Sin embargo, algo así como estar al borde la muerte hace que esas excusas y obstáculos parezcan triviales, porque lo son en realidad.

VIVE COMO SI TE MURIERAS

De modo que la verdadera pregunta es: ¿cómo logras ser como Tim McGraw y vives como si estuvieras muriendo todo el tiempo? Quiero decir, no tengo mucho interés en montar 2,7 segundos en un toro llamado Fu Manchú, pero de seguro que hay muchas cosas que haría si estuviera viviendo como si constantemente estuviera evadiendo las garras de la muerte.

Durante la Segunda Guerra Mundial, los soldados de la vanguardia decían que cada comida, incluso las más ordinarias, era exquisita, porque tal vez fuera la última. Cada momento tenía un sentido más intenso de la vida porque sabían que, probablemente, no se trataba de *si* morirían, sino de *cuándo* y *cómo*. Los hombres que sí lograron sobrevivir decían, de una manera bastante increíble, que esos fueron los mejores momentos de sus vidas y que les resultaba difícil abandonar ese estilo de vida. (Te dije que era un fanático de la historia).

Creo que lo más importante es que, cuando miras la vida a través de esos lentes, el pensamiento de que todo va a estar bien aparece delante de tus ojos en colores. Nos ayuda a evaluar las cosas por las que decidimos preocuparnos.

Piénsalo. Si fueras a morir el mes que viene o el año que viene o mañana...

> ¿Será que ganar una pelea con tu cónyuge *en realidad* es tan importante?
>
> ¿Será que el auto que conduces importa tanto? (A menos que puedas conducir un Land Rover Defender, en cuyo caso, sí, es muy importante. Porque de seguro quisiera conducir uno de esos en mi último día).
>
> ¿Hay alguien que necesita saber que lo amas?
>
> ¿A quién necesitas perdonar?
>
> ¿En realidad necesitas trabajar todas esas horas a expensas de tu familia o de tu salud mental y emocional?
>
> ¿En realidad quieres desperdiciar otro fin de semana en el sofá?
>
> ¿Estás haciendo eso, cualquier cosa que sea, porque quieres hacerlo o porque es lo que otros esperan de ti?

A decir verdad, la lista de preguntas podría ser interminable. Y es probable que debería serlo.

> ¿Hablaría con esa persona de esa manera si fuera a morir? ¿Y si ella fuera a morir?
>
> ¿Almacenaría amargura en mi corazón?
>
> ¿Me importarían las cosas que ahora pienso que son importantes?
>
> ¿Dónde estoy en mi relación con Dios? ¿Cómo puedo estar seguro?

No sé tú, pero pienso que haría las cosas de manera muy diferente si viviera así. Tanto así que creo que voy a terminar este capítulo e invitarte a que hagas tu propio inventario.

Tal vez debas comprar uno de esos sofisticados cuadernos Moleskine y un bolígrafo artesanal tallado del colmillo de un jabalí y solo empezar a escribir. Si todo lo que tienes es un lápiz número 2 y un poco de papel de impresora, eso también servirá.

Y, si todo lo demás falla, siempre tendrás la confiable aplicación de notas de tu teléfono.

Te veo en el próximo capítulo.

CAPÍTULO 11

ENGAÑAR AL SISTEMA

Tuve mi primer teléfono celular poco tiempo después de graduarme del instituto: un Nokia 3310 de color azul. Era asombroso. Debido a que crecí viendo a Zack Morris, el famoso de *Salvados por la campana* que iba a todas partes con un teléfono móvil del tamaño de un ladrillo, estaba maravillado del milagro tecnológico que tenía en las manos. Hasta ese momento, todo lo que había conocido personalmente era el bip incesante del teléfono inalámbrico que me despertaba en medio de la noche porque mi hermano había olvidado colgarlo en el cargador de batería después de hablar con una de sus muchas «chicas que eran sus amigas, pero ninguna su novia». Así que el hecho de que pudiera pasar horas interminables jugando Snake en mi teléfono me tenía absolutamente anonadado.

Mi papá acababa de comprarme un moderno Buick LeSabre azul metálico como regalo de graduación. Eran aproximadamente 1 600 kilos de acero puro y sexapil y me costaba más o menos cien dólares llenar el tanque de gasolina alrededor de cada dos días. No obstante, de seguro que fue un lujo tener mi propio auto durante el mes que pude conducirlo, hasta que una noche funesta mientras conducía hacia el concierto del coro de Amanda, el motor empezó a golpear violentamente mientras grandes cantidades de humo salían del capó. Me estacioné a un lado de la carretera, le eché una jarra de agua al radiador y le di vuelta a la llave en un esfuerzo por llegar al espectáculo de mi amada, pero Olé Azul se había muerto. La polea del motor se había derretido por completo. No tenía manera de contactar a Amanda para decirle que no iba a poder llegar.

Entonces, el teléfono celular Nokia se convirtió en una gloriosa realidad, cortesía de Verizon y más dinero del que jamás había empleado en ninguna factura en mi vida. Cuatrocientos minutos, veinticinco centavos por texto. Asombroso.

Nunca en mis sueños más locos pensé que podría usar cuatrocientos minutos en el teléfono. Pero era joven, estaba enamorado y trabajaba solo en mi puesto de granizado en Zilker Park. De modo que, cada mañana, me montaba en mi bicicleta y recorría cuarenta kilómetros desde la zona de Cedar Valley, justo en el suroeste de Austin, hasta el centro, abría el puesto, vendía como 150 granizados y hablaba con Amanda. Mucho.

Bastante.

Esto parecía un gran plan. ¡Sentía como que estábamos más unidos que nunca y que estábamos destinados a estar juntos por el resto de nuestras vidas! Entonces, una noche funesta, llegó la factura por correo: $ 850.

Eso era más de lo que hacía en todo un mes en el puesto de granizados. ¿Cómo rayos iban a pagar esa cantidad?

Llamé para disputar los cargos, pues no había forma humana de que me hubiera pasado del límite, solo para que me explicaran que cada vez que la llamada pasaba a correo de voz en el teléfono de ella o que la máquina contestadora respondía en su casa, contaba como un minuto, ¡y tenía por lo menos cuatrocientas de esas pequeñas situaciones solo en esa semana! Lloré al oír aquello.

Y empecé a buscar un nuevo trabajo.

Amanda lo merecía, después de todo, pero es probable que yo pudiera encontrar un trabajo que pagara mejor y, al menos, aprender a dejar el teléfono sonar tres veces y colgar antes de que la máquina respondiera, y tal vez espaciar las llamadas y, en vez de una cada veinte minutos, hacer una cada una hora.

Fue así cómo llegué al trabajo de administrador de la pizzería/gasolinera. Solo quedaba a dos horas de la casa de mi amigo, donde estaba viviendo, y mi jefe incluso me permitió comprar su dulce Honda Accord y hacerle los pagos directamente a él, ¡pues no tenía crédito todavía! Además, ¡ganaba mil dólares al mes, lo que era un gran paso de avance para un chico de dieciocho años! Me mudé de la casa de mi amigo para un tráiler que no tenía electricidad ni agua, y que olía a huevo podrido.

> A veces aprendemos nuestras mejores lecciones haciendo granizados o limpiando establos de caballos.

Cuando me despertaba con témpanos de hielo en la cara, lo que sucedía cada vez que la temperatura bajaba a menos de cuatro grados centígrados, mi teléfono sonaba y el papá de Amanda me invitaba a ir a dormir en la habitación de huéspedes de su casa esa noche para que no pasara frío.

Comenzar a vivir solo fue bastante difícil. Cuando empiezas de la nada, casi siempre es así. Sin embargo, trabajé muy duro, no tomé atajos y, con el tiempo, pagué aquella factura de teléfono. Con cada pequeña victoria, empecé a darme cuenta de que, a pesar de los contratiempos, todo iba a estar bien.

A lo largo de todo el camino, tuve personas que me ayudaron. Creo que eso tiene algún motivo. Cuando trabajas duro y te esfuerzas por ser una persona de integridad y carácter, casi siempre vas a encontrar personas que quieren involucrarse y caminar contigo. Guías. Mentores. Entrenadores. Sabios. Maestros. Figuras paternas. No te van a rogar que les permitas enseñarte, pero si te mantienes humilde, dispuesto a aprender, flexible y sincero, puedes aprender, crecer y edificar tu vida sobre sus hombros.

Eso no significa que no vas a pagar un precio, y probablemente mucho más alto de lo que jamás pensaste. Eso está bien, pues a veces aprendemos nuestras mejores lecciones haciendo granizados o pizzas, o limpiando establos de caballos.

No significa que no vas a sentir a veces que está demorando demasiado; tal vez mucho más de lo que jamás imaginaste posible. Y eso está bien, porque a veces la espera produce el mejor vino.

No obstante, si mantienes el compromiso de forjar tu carácter, no lo harás solo.

JIM Y SU BISTURÍ

Jim fue uno de mis guías. De muchas maneras, fue más como un padre para mí. Acababa de empezar mi primer trabajo en el ministerio cuando Jim me encontró. Estaba liderando un grupo de hombres en nuestra iglesia que se dedicaban a la memorización de las Escrituras. A Jim le gustó que yo, al parecer, realmente amaba la Biblia. De modo que me invitó a su círculo. Cada semana nos reuníamos con su grupo de hombres, y empecé a ver que este era un tipo del que de veras quería aprender, o más como alguien del que *necesitaba* aprender.

Le pedí que caminara conmigo, me enseñara y fuera mi mentor con la gran sabiduría que tenía y que había ganado arduamente. Era práctico, pero tierno. Era amable y gentil, pero no tenía miedo de señalarme mis estupideces cada vez que las olía. Y, debido a que era un chico joven, idealista y terco, es probable que las oliera con bastante frecuencia.

Invité a Jim a que me conociera de veras. Tenía acceso completo a decirme lo que estaba haciendo bien y lo que podía hacer mejor. Sus palabras eran cortantes a veces, pero era más como la incisión cuidadosa del bisturí de un cirujano, que como el golpe de un guerrillero que corta la maleza con un machete.

Nos reuníamos y le contaba mis sueños, mis esperanzas y mi visión. Oraba por mí, me animaba, me daba palabras de sabiduría y me ayudaba a planificar los pasos siguientes. Era increíblemente generoso. Con su tiempo. Con su vida. Con sus palabras. Y con su dinero.

Se sentía orgulloso de mí. Creía en mí. Y se aseguraba de que yo lo supiera.

Tanto así que, si le contaba acerca de algo que creía que Dios me estaba diciendo que hiciera, me preguntaba qué me impedía llevarlo a cabo. Por supuesto, casi siempre se resumía en dinero. Era un músico-pastor arruinado con más sueños que fondos. Entonces, sin fallar una vez y antes de que terminara la reunión, me preguntaba si podía pagar por un álbum, por un sistema de sonido, o por un tráiler para trasladar los equipos de mi banda o por un centenar de otras cosas que necesitábamos. Nunca intenté aprovecharme de eso ni hablar sobre un asunto para obtener algo de él. No necesitaba hacerlo. Era así de generoso. Dios lo había bendecido, y quería ser de bendición para otros.

En el 2009, me estaba preparando para mi primer verano completo de viajes con mi banda. Habíamos acabado de lanzar nuestro primer álbum, y nos estábamos preparando para salir la última semana de mayo y estar fuera hasta la primera semana de agosto. Aunque podía llevar a Amanda y a los niños conmigo durante la mayor parte del tiempo, también estaba lejos de ellos por varias semanas. Jim sabía esto y, aunque me regañaba bastante porque siempre me perdía debido a que no leía bien las indicaciones de MapQuest que habíamos impreso, siempre dejaba entrever que, si me deshacía de mi pequeño teléfono celular con tapa y adquiría un iPhone, no me iba a perder tanto y podría estar en contacto con Amanda y las niñas con más facilidad.

Casualmente, para ese entonces, había estado codiciando un iPhone durante algún tiempo. Cuando era niño, veía *Viaje a las estrellas* y me quedaba maravillado con la idea de que las personas pudieran, en esencia, hacer una videollamada desde cualquier lugar de la galaxia, y pensé: *Qué estupendo sería si un día pudiera hacer eso.* ¡Ahora eso era posible con un pequeño equipo que tenías en la mano y que podías llevar en el bolsillo! No obstante, a pesar de lo mucho que me cautivaba la idea de tener un teléfono que me permitiera hablar con Amanda y las niñas, no había forma de que pudiera costearlo con el salario de un ministerio pastoral que apenas empezaba.

¿Sabes cómo es cuando estás planificando darle a alguien un asombroso regalo por Navidad? De alguna manera, empiezas a dejar caer pistas algunos meses antes para abrir el apetito y, entonces, cuando se lo das, todo cobra sentido: es por eso que lo estabas mencionando tanto. Jim era un maestro en eso. No estaba partiéndome el corazón; me estaba endulzando. Y cuando llegó el día de mi cumpleaños aquel año, me dio una caja y dijo: «Feliz cumpleaños, hijo. Estoy orgulloso de ti. Creo en ti. Y estoy haciendo una inversión en ti».

Nota al margen: Posiblemente no haya cuatro palabras más poderosas que «Estoy orgulloso de ti». Si no sacas nada de este libro, al menos quédate con esto: diles a las personas que estás orgulloso de ellas. Necesitan escucharlo.

Abrí la caja y vi un iPhone nuevo de paquete mirándome. Me quedé anonadado. Mudo. La gracia suele provocar esa reacción en las personas.

De modo que, equipado con la última y más grande tecnología que la creación haya conocido, comencé a viajar con el mundo literalmente en la palma de mi mano, o en el bolsillo de mis pantalones, dependiendo de lo que estuviera haciendo en ese momento. Hasta luego de dos semanas, cuando llegué al estacionamiento de asfalto de una gasolinera en algún lugar en medio de Kansas. Estacioné al lado de la manguera de gasolina y abrí la puerta de nuestro Chevy Tahoe negro y, cuando estaba saliendo, mi iPhone nuevo se cayó a casi un metro de mi asiento en el asfalto abajo del auto y la pantalla se rajó. Nada grande. Pero este era mi primer iPhone y no podía creerlo.

Por supuesto, no había nadie cerca que pudiera arreglar el teléfono. No era como es hoy. En ese entonces tenías que conducir casi setecientos kilómetros hasta la tienda más cercana de Apple. Iba a tener que esperar un par de semanas para ver la magnitud del daño. Estaba seguro que todo iba a estar bien. Había comprado el seguro y, sin duda, debía cubrir este incidente.

Solo que no fue así.

Cuando llegué a la casa para pasar el fin de semana y lo llevé a la tienda de Apple, ¡me dijeron que el seguro no cubría pantallas rotas y que me costaría doscientos dólares arreglarla!

¿Doscientos dólares? ¿Quién tiene doscientos dólares para arreglar una pantalla rota? ¡Yo no!

Pensé: *Qué tipos más...* (completa el espacio con palabras que no voy a escribir aquí).

Pregunté cortésmente: «Muy bien, si no cubren pantallas rotas, ¿entonces qué cubren?».

Procedieron a explicarme que el seguro era para cubrir daños que hicieran el teléfono inutilizable.

Los engranajes en mi cabeza empezaron a funcionar para tratar de interpretar esos detalles y encontrar una manera de engañar al sistema, a fin de lograr que me arreglaran el teléfono sin pagar una cantidad tan absurda a estas víboras sedientas de dinero que probablemente habían hecho la pantalla del teléfono demasiado débil para poder cobrarles a innumerables personas ingenuas y torpes como yo, doscientos dólares para arreglarlo. Sintiendo que mi ira era justificada, subí las escaleras de un edificio cercano y lancé el teléfono balcón abajo, asegurándome de que no hubiera nadie allí y de que fuera seguro hacerlo. Luego, bajé las escaleras, recogí el teléfono roto, subí las escaleras otra vez y lo lancé de nuevo. Seguí repitiendo esto durante más de diez minutos: subir, lanzar, recoger, subir, lanzar, recoger. Ya tienes la idea. Busqué una bolsa de supermercado para echar los pedazos del teléfono roto y lo llevé a la tienda de Apple para volver a encontrarme con el trabajador con quien hablé antes y le di la bolsa con las partes del iPhone con una sonrisa en la cara.

—Creo que esto se consideraría lo bastante dañado como para hacerlo inutilizable, ¿cierto?

El trabajador, bastante asombrado, solo se rio y me miró como si estuviera loco. Lo que, para ser sincero, es cierto.

—Señor, esto no es lo que le quisimos decir. ¡El seguro no le va a cubrir esto! Ni siquiera podemos intentar arreglar esto.

Ahora tendrá que comprar un teléfono nuevo. ¡Cuesta ochocientos dólares, lo que, a decir verdad, es mucho peor que los doscientos que habría tenido que pagar hace una hora!

Me quedé allí parado, furioso y más que avergonzado. Jim había sido muy amable y generoso al darme este teléfono y ahora yo lo había destrozado como un idiota iracundo.

Sin embargo, cuando empezaba a perder la esperanza, un gran letrero me llamó la atención justo delante de mí.

Abre una línea nueva, ¡obtén un iPhone gratis!

B-I-N-G-O, y bingo fue su nombre. La sonrisa volvió a aparecer.

—Entonces… escúchame.

—¿Sí?

—Necesito comprar un teléfono nuevo por ochochientos dólares, ¿cierto?

—¿Sí?

—¿Y si abro una línea nueva? Me dan el teléfono gratis, ¿verdad?

—Sí, técnicamente eso es cierto, pero…

—¡Abramos una nueva línea!

—Muy bien, pero…

—Hagámoslo.

Firmé por la línea telefónica extra. Y me dieron el teléfono gratis. Por el bajo, bajo precio de ochenta dólares al mes bajo un contrato de dos años. Pagué $1 920 por una línea que nunca usé.

Cuando se lo conté a Jim, solo movió la cabeza y dijo:

«Tú, cabeza hueca. Te amo, hijo, pero eres un tonto. Sabes lo suficiente como para no negociar tu carácter por un pequeño acomodo. Nunca tiene buenos resultados a largo plazo. Si cometes un error, todo va a estar bien. Solo reconócelo, asume las consecuencias y ocúpate de él. Tu integridad no vale ochocientos dólares, hijo.

Bisturí.

Necesitaba escuchar eso. Necesitaba sentir eso. Como una herida abierta cuando te la limpian y te la vendan.

Jim nunca más habló sobre el tema. Apple nunca más habló sobre el tema tampoco. AT&T nunca más habló sobre el tema tampoco. Es más, la única persona que alguna vez ha mencionado esa historia soy yo cuando le estoy contando a las personas sobre lo tonto que era, y cómo a pesar de eso todavía estoy vivito y coleando como una prueba fehaciente de que el fracaso no es el final. No importa lo mucho que me equivoque, de la forma más legendariamente tonta posible, eso no es lo que soy. No soy un teléfono destrozado ni una superflua línea telefónica de $1 920. No soy el mismo cabeza hueca que negoció su carácter por un pequeño acomodo. Mis fracasos no me definen; más bien me están refinando. Esa experiencia continúa moldeándome y enseñándome incluso hasta el día de hoy.

Cuando cometes un error, reconócelo y ocúpate de él. Todo va a estar bien.

¿EN QUIÉN TE CONVIERTES?

No hay atajos ni «forma de engañar al sistema» que merezca comprometer tu integridad. Seamos sinceros. Aunque ya hemos hablado de que no hay atajos, todavía me siento tentado a encontrar una «forma de engañar al sistema» que dé resultado. Siempre hay un costo o un truco, y a menudo tiene que ver con tu carácter.

Es bastante probable que no seas tan tonto como yo. He establecido un estándar bastante alto en esa característica de la personalidad en particular. Es probable que jamás destruyas un iPhone perfectamente bueno, aunque con la pantalla dañada, solo para tratar de que te lo reparen gratis y luego abrir una línea nueva para no tener que pagar por un teléfono nuevo, solo para terminar pagando casi tres veces el costo. No obstante, si fuera un hombre de hacer apuestas, apostaría a que hay otras formas en las que te has sentido tentado a negociar tu carácter por algún acomodo.

Usar la tarjeta corporativa un poco más de lo que debías, justificando lo que constituye un «verdadero gasto de negocios», pues en vez de darte el bono que merecías por Navidad, te dieron una inútil tarjeta diciéndote que eres el miembro más joven del Club de la Gelatina del Mes.

Cambiar un poco los números en tu declaración de impuestos para hacerle pagar al hombre y ahorrar un poco de dinero que mejor usas para una nueva piscina o unas vacaciones.

Copiar tu informe del libro de Wikipedia o solo mirar una película y dar por sentado que la trama, de todas formas, es igual que la del libro.

Mentir en tu currículum para obtener ese trabajo que realmente quieres, pero que te preocupa que no estés calificado para él.

Hablar de alguien a sus espaldas para agradar más a las personas y obtener la promoción que querías o para ser más popular en el grupo.

Sobre eso, solo una confusa palabra de sabiduría. Observa con mucho cuidado si las personas hablan mal de otros en tu presencia, porque lo más probable es que hablen de ti también cuando no estés presente. El chisme dice más sobre ellos que lo que ellos dicen sobre la persona de la que están hablando.

Negociar nuestro carácter canibaliza nuestra credibilidad y crea una falta de confianza, lo que hace que sea casi imposible tener relaciones fuertes y saludables, y eso sin hablar de triunfar en el mundo. En mi caso, ¡el costo fue solo dos mil dólares! Desde un punto de vista general, no me salió tan caro cuando consideras el costo de perder tu empleo, tu matrimonio, tus amistades, tu libertad como ciudadano porque terminaste en la cárcel; tú sabes, la lista acostumbrada que los padres les dan a sus hijos cuando quieren evitar que hagan algo muy tonto.

No cabe duda de que he cometido muchos más errores monumentales desde aquel funesto día en Apple. He destruido mucho más que un iPhone. He negociado mi integridad por formas pasajeras, momentáneas y tontas de sentirme bien conmigo mismo, y he herido a otros y traicionado su confianza en el proceso.

Y al final, todas y cada una de las veces, sin excepción, he aprendido a las malas lo mucho que *no valió la pena* negociar mi integridad.

Quizá también tengas un poco de experiencia en ese departamento. El dolor de las consecuencias de esas decisiones no desaparece de manera fácil ni rápida. Me tomó dos años terminar de pagar ese nuevo iPhone. Me ha tomado mucho más restaurar la confianza con las personas que he herido.

El carácter es importante. No solo para ti, sino para todos los que te rodean. Sin importar lo brillante, resplandeciente o nuevo que sea lo que quieres. Sin importar lo avergonzado que estés. Nunca jamás vale la pena negociar tu carácter.

En todos nosotros hay un Heisenberg. Sin importar lo mucho que comencemos como Walter White. Cuando tengamos delante el escenario y el conjunto de circunstancias adecuadas, lo mismo ocurrirá con nosotros.

Sé que es probable que ya me haya autoidentificado como un cinéfilo exagerado para este momento y puede que digas: «Muy bien, muy bien, entiendo, te gustan las películas y cosas por el estilo». Sin embargo, creo que esa distinción me da un poco de autoridad cuando te digo que *Breaking Bad* es la serie más grande de todos los tiempos. Ni siquiera lo pongo en tela de juicio. No hay un mejor ejemplo de desarrollo del carácter en toda la historia de la televisión y la cinematografía que Walter White.

Hace poco estaba escuchando una entrevista con Bryan Cranston (tú sabes, el dulce y amoroso padre de *Malcolm*), y estaba hablando acerca del creador de *Breaking Bad*, Vince Gilligan, quien le mostró la serie y le dijo: «Vamos a convertir al tipo bueno en el tipo malo». Y cuando ves la serie, te asusta ver que con cada decisión que toma Walter, te identificas con él y dices: «Dadas las circunstancias, probablemente yo habría hecho lo mismo».

Poco a poco, Walter, un amoroso profesor de química que genuinamente se interesa por su familia y que no mataría ni una mosca, se convierte en Heisenberg, un narcotraficante que es un monstruoso asesino. Y no toma mucho tiempo. Solo un compromiso aquí y allá.

Ese soy yo. Ese eres tú. Hay un Heisenberg en todos nosotros.

Cada decisión al parecer pequeña e insignificante de negociar nuestra identidad para ayudarnos o sobrevivir, o para engañar al sistema, nos convierte poco a poco en alguien que no éramos antes. Todos nos estamos convirtiendo en algo. La pregunta es: ¿en qué te quieres convertir? Más bien, ¿en *quién* te quieres convertir?

Cuando tienes que tomar una decisión difícil, escoge siempre el camino que mantenga intacta tu integridad. Todo va a estar bien. No importa lo mucho que te asuste. No importa lo difícil que sea. No importa lo costoso que sea. Tu carácter cuesta más. Y la persona en la que te conviertes lo merece.

CAPÍTULO 12

EQUIVOCARSE DE VEZ EN CUANDO NO TIENE NADA DE MALO

Sé que he hablado bastante de nuestro viaje a Londres, París y Roma por el décimo aniversario de nuestro matrimonio, pero de veras es uno de los recuerdos favoritos de mi vida. Hasta ese momento, en realidad no habíamos tenido la oportunidad de viajar mucho, y fue un maravilloso sueño hecho realidad.

Pero de todas las historias que contamos acerca de ese viaje, la de la compota es una de las más famosas.

Nunca había tenido un auténtico desayuno inglés. De hecho, no había tenido mucho de auténtico en lo absoluto. Cuando era niño, siempre que queríamos celebrar en un restaurante elegante, nuestro billete a la dicha era Golden Corral. ¡Todo lo que puedas comer por, digamos, ocho dólares! ¡No puedes competir con eso!

Así que, cuando nos levantamos nuestra primera mañana en Londres, estábamos más que emocionados por probar un auténtico desayuno inglés.

El camarero nos trajo nuestros platos, cada uno con dos huevos fritos, frijoles asados, un par de salchichas, una tajada de lomo de tocino, morcilla, tomates (o tomatos, como dirían ellos), champiñones y un poco de pan frito. Estábamos bastante sorprendidos porque todo lo que habíamos leído decía que las porciones de los estadounidenses eran gigantescas comparadas con las del resto del mundo, pero este era, por mucho, el desayuno más abundante que cualquiera de los dos hubiera visto jamás.

Y luego venía la compota.

Para mí este pequeño condimento parecía como una mermelada. O posiblemente como un relleno de tarta muy sofisticado que puedes poner encima de un grupo de panqueques en la Casa Internacional de los Panqueques. Sin embargo, no cabe duda que estaba etiquetado con compota.

—¡Vaya! Apuesto a que esta compotí sabe muy bien con estos panes.

Eso fue como un aguijón, y Amanda se detuvo a la mitad de una mordida, levantó la vista de la comida y empezó a reírse. No conmigo. De mí.

—¿Compotí?

—¡Sí, compotí! ¡Eso es lo que dice aquí!

—Es compota. Con *a* y sin acento final.

No tenía cómo decir esa palabra, pero estaba bastante seguro de que había escuchado pronunciarla de la forma que *yo* decía antes. Tal vez fuera en la película *Capote*, de Philip Seymour Hoffman, y eso me había confundido. Pero no podía reconocer que estaba equivocado.

—Sí, no me parece que sea como tú dices. Creo que tiene una *í* al final. Es más europeo de esa forma —dije, tratando de ganar el caso.

—No es más europeo. Solo es más *incorrecto* —refutó con una sonrisa juguetona y coqueta en el rostro.

Saqué mi confiable teléfono, conectado al wifi del hotel, y comencé a buscar en Google cómo pronunciar compota para ver quién tenía razón. Es así más o menos en la que se desarrollan las cosas en mi casa. Ambos somos muy tercos, obstinados y personas completamente opuestas en todos los sentidos excepto en los más importantes. Así que incluso cosas como la manera correcta de pronunciar una palabra como *compota* se pueden convertir en un deporte olímpico.

Es asombroso cómo a veces, con las palabras, puedes buscar en Google cómo pronunciarlas y encontrar unas cuántas versiones diferentes.

Como *yema*, por ejemplo. Algunos pronuncian la *y* como una *ll* y otros la pronuncian como una i.

Hay cientos de palabras que se pueden pronunciar de diferentes formas. Sin embargo, ¿sabes lo que *nadie sobre la faz de la tierra dice? Compotí.* Ni una sola persona. Es *compota*. Sin í al final.

Si buscaras esa palabra en el diccionario, deberías encontrarte una foto mía con un pie que diga: «Este idiota es literalmente la única persona en el mundo que alguna vez pensó que no era correcto decir *compota*».

Amanda me ganó en esa. Yo estaba sumamente alejado de la verdad. No obstante, como si el fracaso no fuera ya una completa fatalidad, escuché la voz del presentador de *Mortal Kombat* gritar: «¡Acaben con él!» justo antes de que Amanda me diera el golpe final.

—No te preocupes, Stephen, al menos ahora sabes que Adán y Eva tenían piel.

Esta frase no significa absolutamente nada para ti todavía. Pero espera. Solo dame un segundo para explicarla.

ADÁN Y EVA

Crecí en la iglesia y, a decir verdad, amo a Jesús desde que tengo memoria. Mi mamá se aseguraba de que estuviera allí cada domingo por la mañana, cada domingo por la noche; cada cena de miércoles por la noche, seguida del grupo de jóvenes; cada jueves por la mañana para el desayuno de oración de los hombres; y cada viernes para la reunión, eso sin mencionar el ministerio de títeres, el coro juvenil, los Embajadores del Rey, los viajes misioneros y la Escuela Bíblica de Vacaciones. Si las puertas estaban abiertas, ahí estaba yo.

Sin lugar a duda, pasé por etapas en las que quería fingir que estaba enfermo para poder quedarme en casa y jugar *Duck Hunt* en nuestro nuevo Nintendo o, con el tiempo, cuando un amigo nos prestó un Nintendo 64, para jugar *Golden Eye*, el juego más genial de todos los tiempos.

No obstante, el 99,9 por ciento de las otras veces que no estaba haciéndome el enfermo, estaba en la iglesia, y aparte de la música terrible, en realidad me gustaba aprender acerca de Jesús. Así que leía mi Biblia en la casa y un día, cuando tenía alrededor de once años, me llamó la atención una historia en particular, la cual subrayé en mi hermosa Biblia de Estudio para Adolescentes que en la cubierta tenía las iniciales de Fully Rely on God [Confía totalmente en Dios] o F.R.O.G. (iniciales en inglés).

Era la historia de la caída en Génesis, cuando Adán y Eva acababan de pecar contra Dios y Él, en esencia, les dijo: «Ustedes tenían un trabajo!».

Con mucha gracia cubre su desnudez y promete protegerlos, a pesar de las devastadoras consecuencias de sus actos y, en otras palabras, por primera vez en la historia, Dios dice «todo va a estar bien» para animar a quienes ama. Les dice que la odiosa e idiota serpiente que los engañó iba a recibir una herida en la cabeza por parte de un asombroso Salvador que un día vendría para liberar a la humanidad de todo el pecado, la enfermedad y la oscuridad que iban a venir al mundo.

Es, de hecho, un pasaje maravilloso que me da más esperanza que cualquier otro pasaje en el resto de la Biblia, porque es el cuadro de un Padre amoroso que sostiene a sus hijos que han metido la pata hasta el fondo y les dice que todavía los ama y que todo va a estar bien. Eso me habla a mí. Porque soy el niño tonto que se come la única fruta que no podía comerse de *todo un jardín* con las mejores frutas que nos podamos imaginar.

No obstante, en mi mente de niño de once años, *¡no me di cuenta de nada de eso!* ¿Quieres saber qué fue *lo que se me quedó* en la mente de todo el pasaje?

Cuando leí Génesis 3:21, que dice: «Dios el SEÑOR hizo ropa de pieles para el hombre y su mujer, y los vistió», mi pequeño cerebro preadolescente interpretó que esto significaba que antes de la caída no tenían piel. Por qué lo interpreté así, bueno, nunca di el siguiente paso en mi proceso de pensamiento para analizarlo. Así que estaba maravillado.

Este pequeño bocado de *oro* teológico se me quedó grabado en la mente y, de alguna manera, nunca se fue de allí.

De modo que, siete años después, en una de mis salidas con Amanda para ir a ver una película y luego comer unas alitas búfalo y unos pepinillos fritos acompañados de mi favorita entre todas las comidas, el aderezo de mayonesa, llegó un momento en el que la conversación se volvió un poco aburrida y empecé a pensar en formas de impresionarla.

—Sabes, Amanda, antes de la caída, Adán y Eva no tenían piel.

Si tan solo hubiera podido escuchar el «conteo de tiempo fuera» de Zack Morris.

1. ¡Qué clase de tarado!
2. Desearía tener una máquina del tiempo para regresar y decirme que tenía que pensar dos veces en mis suposiciones y no decir lo que estaba a punto de decir.
3. Esa no es la mejor forma de impresionar a una chica. Sin importar de que hayas crecido en la iglesia.

Reaccionó de una manera que he visto demasiadas veces desde entonces. Bajó despacio el tenedor con el bocado que estaba a punto de meterse a la boca, ladeó la cabeza y entrecerró un poco los ojos mientras se dibujaba en sus labios una sonrisa, y dijo:

—¿Qué?

Estaba convencido de que había captado su atención y que estaba a punto de impresionarla, así que redoblé mi esfuerzo y repetí mi revelación.

—Antes de la caída, ¡Adán y Eva no tenían piel! —dije con una sonrisa de sabelotodo pues, según yo, había logrado impresionarla.

Tan diplomáticamente como le era posible, dijo:

—¿De qué estás hablando?

—Bueno, Génesis 3 dice que después que se comieron la fruta, se dieron cuenta de que estaban desnudos, ¡y Dios los vistió con piel! Así que no sé si fue algo en la atmósfera o alguna cosa que cambió después de la caída, pero tal parece que no necesitaban piel antes y ahora sí, ¡de modo que Dios les dio piel!

Casi no podía contener mi entusiasmo. Esta chica se iba a casar conmigo. O al menos me besaría. Está bien, quizá solo un pequeño y amable abrazo al estilo cristiano.

—Entonces, ¿qué? —me dijo—. ¿Eran solo huesos y órganos caminando por ahí?

—Sí, supongo que sí. Es decir, ¡supongo que Dios de alguna manera lo mantenía todo junto!

No pudo contenerse más.

—Los vistió de pieles, en plural. ¡Como pieles de animales! ¡Les hizo ropa!

Enseguida me di cuenta de que no había pensado más en ese pasaje durante siete años y que mi visión del mundo de niño de siete años todavía estaba en mi mente, sin haberlo desafiado ni cambiado hasta ese mismo momento. Esta suposición de preadolescente, de alguna manera, se había colado en mi cerebro de dieciocho años, y Amanda la había derribado completamente con una sola oración. Es asombroso lo rápido que se me apagó el bombillo y, en un instante, me sentí más avergonzado que nunca antes en mi vida, lo cual significa bastante para un tipo que no se avergüenza con facilidad.

—¡Ohhhhhhh! ¡Eso tiene mucho sentido! Vaya, no había pensado en eso. Lo leí cuando tenía once años y, de alguna manera, he vivido suponiendo eso desde entonces.

Nos reímos bastante y, alrededor de una vez al mes, todos los meses, durante los últimos veinte años, nos hemos reído de eso. Bueno, *ella* se ha reído de eso. Casi siempre es la mejor carta para recordarme que, solo por el hecho de que piense que tengo la razón acerca de algo, no significa que tenga razón y, en realidad, necesito pensar de manera crítica en ello. Como cuando busqué en Google la pronunciación de *compota*. Es una de esas historias que me advierten acerca de mi estupidez, y que me mantienen humilde y me ayudan a nunca estar demasiado seguro de mi opinión sobre cualquier cosa.

Está bien equivocarse. Está bien no saberlo. Todo va a estar bien si tienes que replantearse tu posición acerca de diversos temas a lo largo de toda tu vida.

También está bien no dejar que el hecho de haberte equivocado en algo se convierta en tu identidad. Por ejemplo, no paso todo el tiempo desanimado porque pensé que Adán y Eva no tenían piel o que compota se pronunciaba de cierta forma. Eso no fue el final. Eso no es lo que soy. No me definió, pero sí me ha refinado y me ha ayudado a darme cuenta de que estar equivocado es una parte inherente de ser humano. No tengo que tener la razón. Y en lo que tenía la razón hace algunos años, puede que ahora no la tenga. El gran lírico Bob Dylan lo resume muy bien: «The times they are a-changin'» [Los tiempos están cambiando][26].

A veces tú cambias. A veces el mundo cambia a tu alrededor.

SI TE QUEDAS DE BRAZOS CRUZADOS, TE PERDERÁS UNA TOADSTOOL

En cierta ocasión hice una referencia a la Princesa Toadstool de *Súper Mario Bros*. Había crecido jugando este juego y sabía que sabía que sabía que ese era su nombre. Sin embargo, mis hijos me miraron como si estuviera loco.

—Papá, ¿quién rayos es la Princesa Toadstool?

—¡La princesa en *Mario*!

—¿Tal vez te refieras a la Princesa Peach?

—Es decir, estoy bastante seguro de que su nombre es Princesa Toadstool.

—Ese es un nombre terrible, papá. De seguro que ese no es su nombre. Ella es la Princesa Peach.

Así que esta era una batalla en la que moriría si fuera preciso. Porque, tú sabes, uno necesita tener principios. Si no estás bien parado, cualquier viento te tumba.

—Chicos, crecí jugando ese juego. Es Princesa Toadstool. Oye, Siri, ¿cuál es el nombre de la princesa en *Mario*?

Siri es mi asistente personal. Es australiana y, la mayoría de las veces, me puede contestar mis preguntas y dejar claras las cosas en ese mismo instante.

«El nombre de la princesa en Súper Mario es Princesa Peach».

¡Vaya! Eso no puede estar bien. Así que investigué un poco más. ¡Y resulta que ambos teníamos razón! Su nombre completo es Princesa Peach Toadstool. Si me permites desvariar un momento, me parece que este pequeño resumen que encontré en Wikipedia es muy interesante:

> En Japón, el nombre de Peach siempre ha sido Princesa Peach (ピーチ姫, PīchiHime, Princesa Peach) desde su debut en el original *Súper Mario Bros.* en 1985, pero en el manual de idioma inglés se conoce como «Princesa Toadstool»". En la versión inglesa de *Yoshi's Safari*, lanzada en 1993, se introduce por primera vez el nombre de «Peach» en el mundo occidental, aunque la llamaron Princesa Toadstool en *Mario Land: Super Mario Land 3*, lanzado en 1994. En *Súper Mario 64*, lanzado en 1996, usa ambos nombres en una carta dirigida a Mario, y la firma «Peach». A partir del juego de 1996 *Mario Kart 64* en adelante, el nombre Peach se usa en las versiones del mundo occidental[27].

Gracias a esa pequeña conversación, aprendí algo nuevo ese día. Y mis hijos también. Y no solo eso de «vaya, papá es muy viejo».

A decir verdad, creo que esa clase de conversación curiosa y abierta, con una disposición de tener la gracia de la humildad, ya sea que tengas o no razón, es una de las claves más importantes en la vida. Si hubiera estado equivocado por completo, habría pensado que ya estaba tomando pastillas para locos y solo estaba imaginando un nombre tan raro como Toadstool, pero al menos lo sabría.

APÉGATE A LA VERDAD

A pesar de que muchas veces actúo como un sabelotodo, si hay algo que estoy aprendiendo a medida que envejezco, es que en realidad *no sé mucho* en lo absoluto. Pienso muchas cosas. Supongo muchas cosas. Tengo opiniones y preferencias. Sin embargo, estoy tratando de mantenerme curioso, abierto, sincero conmigo mismo y dispuesto a cambiar de manera de pensar sobre cosas importantes y otras no tan importantes.

Para hacerlo, me he dado cuenta de que tengo que apegarme a la verdad y dejar que la verdad se apegue a mí.

Hace algunos años, mi banda estaba tocando en una conferencia en un estadio en Luisiana y, cuando llegamos allí, el hombre que estaba en la puerta de entrada me puso una marca en la mano que me daba acceso a la parte de atrás del escenario. Entonces, antes de que toques, nadie sabe quién eres. Tú sabes quién eres, pero al resto ni siquiera le importa.

Varias veces algunos trabajadores de seguridad del estadio, cuyo aspecto era bastante atemorizante, en un tono no muy agradable me pedían que les mostrara la mano para comprobar que tenía permiso para estar donde estaba. Según ellos, podía ser algún acosador loco, obsesionado diabólicamente con las celebridades. Solo estaban haciendo su trabajo para evitar que al día siguiente yo me convirtiera en un titular de una noticia o algo peor aún. Así que levantaba el brazo para mostrar el círculo negro que me habían puesto en el dorso de mi mano. De modo que pude entrar mis cosas, tomarme rápidamente un Pamplemousse LaCroix y comer un poco de cecina (mi refrigerio preferido antes de cantar, porque los carbohidratos me odian) y relajarme en el sofá del camerino.

Ese sello era mi acceso. No porque fuera conveniente ni bonito. No porque fuera un diseño en realidad sofisticado. Nadie lo iba a mirar ni me preguntaría cuántas horas había pasado sentado en la silla de una supermoderna tienda de tatuajes y qué significaba.

> A veces, la verdad se sentirá como un cálido abrazo y, otras veces, como un jarro de agua fría.

No, era mi acceso por la verdad que representaba. Así que me aferré a ese sello esa semana para probar la verdad de mi identidad.

De la misma manera en que me aferré a él, ese sello se aferró a mí. En el sentido incómodo. Tomé una ducha después de la primera noche, y allí estaba todavía. Tomé una ducha después de mis ejercicios a la mañana siguiente, y no desaparecía. Mañana tras mañana, noche tras noche, se quedó conmigo y éramos como Forrest y Jenny cuando eran niños; guisantes y zanahorias. ¡Ese sello se me quedó en la piel durante toda una semana! Sin embargo, ¿sabes qué? Se convirtió en un símbolo para mí de mucho más que el acceso al camerino. Me recordó la verdad de que pertenecía.

Cuando digo «la verdad», no uso algún término etéreo y sofisticado para parecer más filosófico. Me refiero, de manera muy intencionada, a esas realidades que no cambian y que actúan como nuestra brújula y nuestro norte verdadero.

Como cristiano, no sería auténtico si al menos no mencionara que veo la verdad a través de los lentes fundamentales de la Biblia, la cual creo que es la Palabra de Dios. Es su carta de amor para mí a través de la que puedo conocerlo de veras, y saber cómo me creó y cómo creó al mundo que me rodea, para estar seguro de cuál es mi posición con respecto a Él para toda la eternidad. En la Biblia veo que el propio Jesús es la verdad. Que es Dios, que me ama y que murió en la cruz para que yo pudiera vivir para siempre en el cielo, y que me cuida, bendiciéndome y guiándome, protegiéndome y proveyéndome. Esto es tan real como la ley de la gravedad o como el viento. Invisible. Misterioso. Sin embargo, siempre presente y evidente[28].

Y, si me lo permites, quiero animarte a que rápidamente lo compruebes por ti mismo. Si no tienes un ejemplar de la Biblia, mándame una nota en Instagram. Me das tu dirección y te envío una. Así de mucho creo que cambiará tu vida.

Más allá de eso, no tienes que ser necesariamente un seguidor de Jesús como yo para saber que la verdad es real y evidente. Al igual que la gravedad, lo cierto es que la verdad no es una frase tan abstracta como nos gusta hacerla. Por supuesto, podemos tener diferentes perspectivas u opiniones sobre la verdad. Debido a que no cambia, la verdad nos centra con su confiabilidad y nos pone límites dentro de los que podemos florecer con libertad ilimitada.

La verdad, después de todo, nos hace libres, mientras que la falta de ella solo conduce a la confusión y al caos. Como cuando estás tratando de encontrar la vía para salir de un lugar que tiene una sola salida (y todo el mundo tiene una opinión diferente de dónde está), puede que pases bastante trabajo para encontrar la salida si escuchas a todos los «Creo que es por aquí» que te lleguen al oído. Hay una diferencia entre la verdad y las suposiciones. Y hay una diferencia entre los hechos inquebrantables y los sentimientos inestables.

A veces sentiremos que la verdad es una limitación, pero lo cierto es que se trata de una oportunidad. Como el límite de velocidad, por ejemplo. Esa es una verdad clara y objetiva; incluso una ley. Cuando las autoridades sobre nosotros han marcado con claridad lo que es bueno y no lo hacemos, hay consecuencias. Eso nos puede parecer una carga frustrante, sobre todo cuando vamos con retraso o cuando somos impacientes por naturaleza. Sin embargo, ese límite de velocidad de 112 kilómetros por hora está allí para protegernos a nosotros y a todos los que nos rodean mientras conducimos ese milagro magnífico de una invención moderna llamada automóvil. A veces la verdad nos limita para nuestro bien.

A veces, la verdad se sentirá como un cálido abrazo y, otras veces, como un jarro de agua fría. Cuando estaba en el instituto, mi pastor de jóvenes de la iglesia vino a donde yo estaba con una Biblia, me golpeó la cabeza y me dijo: «La verdad duele, ¿cierto?». Fue una broma de papá realmente mala, pero era una ilustración divertida de un dicho popular que se ha quedado conmigo todos estos años. *La verdad duele, ¿cierto?*

Sé que continúo repitiendo citas de *Ted Lasso*, pero estaba viendo un episodio hace poco en la caminadora para hacer que la monotonía de estar en una rutina terminara más rápido, y pensé que esta escena en particular era muy adecuada mientras me preparaba para escribir este capítulo. El Dr. Sharon Fieldstone, la terapeuta del equipo, trata de explicarle este punto a Ted en una sesión de terapia: «La verdad te hará libre, pero primero te molestará»[29]. Paré mi carrera un segundo para tomar el teléfono y escribir esto en mi aplicación de notas. Y no, no *solo* porque estuviera buscando una excusa para dejar de correr durante unos minutos.

La verdad no siempre es lo que *queremos* oír. Pero siempre es lo que *necesitamos* oír.

A veces la verdad tendrá diferentes matices y requerirá un poco de pensamiento crítico para ponerla en práctica en la vida real. No todo es tan blanco y negro como queremos que sea, y las experiencias de las personas son muy diferentes.

A veces la verdad retará las suposiciones que has tenido en tu cerebro durante décadas, y a veces pintará tus cielos, océanos y montañas con colores que ni siquiera sabías que existían.

Entonces, al final, es la verdad, no mis sentimientos, suposiciones, opiniones o relevancia cultural, la que es el ancla cuando vienen las tormentas de la vida. Cuando la depresión, la ansiedad o el temor llegan y no sabes qué hacer. Cuando el éxito viene a inundar tu vida y tienes más bendiciones de las que sabes manejar con sabiduría. Cuando tus circunstancias cambian, la verdad no lo hace y, por tanto, es la única calificada para estar allí como tu ancla firme cuando más la necesitas. Mis sentimientos cambian basados en lo que comí o lo que no comí ese día, y sabes lo que dicen acerca de las suposiciones.

Las opiniones y la relevancia cultural solo son importantes durante la época en la que imperan. La perilla que llevé de 2001 a 2011 ya no está moda. Tampoco lo son los pantalones de patas anchas, tipo paracaídas, que usé durante el instituto. Ni el corte de cabello a la taza, inspirado en Jonathan Taylor Thomas, que me hice en sexto grado para tratar de encajar. Y Golden Corral, a pesar de que hace costeable la glotonería, ya no es mi restaurante de lujo.

Hace cien años existían normas culturales por las que te matarían hoy. Y dentro de cien años, las cosas que llamamos normales hoy se considerarán fantasías bárbaras de la imaginación de un cavernícola. La cultura cambia. Los sentimientos cambian. La verdad no. Por tanto, no torcemos la verdad para acomodarla a nuestros sentimientos o a nuestra cultura. Alineamos nuestra cultura y nuestros sentimientos para que estén de acuerdo con la verdad.

No hay ningún problema si, en nuestra búsqueda de la verdad, nos avergonzamos un poco acerca de las cosas que *pensábamos* que eran verdad. Te lo aseguro, el absurdo de pensar que Adán y Eva no tenían piel no es una vergüenza pequeña. No obstante, es un recordatorio regular de que nunca puedo estar demasiado seguro de mí mismo, al punto que deje de buscar la verdad. Y cuando la encuentro, o más bien cuando me encuentra (¡la verdad no se esfuerza por esconderse, sino que, de hecho, nos está buscando!), no tengo que tener miedo de ajustarme a ella. La verdad no me hace débil. No me hace estúpido. Por el contrario, saltar y decir «No, yo tengo la razón» y tratar con desprecio la invitación de alinearme con lo que es verdadero, eso sería una insensatez.

La verdad no es un martillo para golpear a las personas, y tampoco es una pala para enterrarlas. Por muy satisfactorio que sea tener razón, es mucho mejor ser amable. Todos estamos juntos en este viaje de la vida, encontrando significado y propósito, y todos estamos tratando de entenderla. Toda nuestra carga y nuestro quebranto, nuestros puntos ciegos y nuestras inclinaciones, nuestras heridas y debilidades.

Nuestras experiencias son todas muy diferentes y, no obstante, una cosa es cierta para cada uno de nosotros: nuestras experiencias conforman la manera en que vemos al mundo, a nosotros mismos, a Dios, a los otros, lo que sea.

Si estás leyendo esto y estás sintiendo que te estoy pisando los callos o que te estoy sermoneando, esa no es mi intención. No estoy tratando de predicarle a nadie ni de hacer que nadie se trague nada. Tengo una carga mientras escribo esto porque demasiadas veces en mi vida he sabido lo que es verdadero y bueno, y he escogido creer algo diferente, y las consecuencias han sido bastante dolorosas, no solo para mí, sino también para las personas que me rodean.

De la misma manera, otros en nuestras vidas, desde amigos cercanos hasta gente que ni siquiera conocemos personalmente, han hecho lo mismo, y eso ha impactado a nuestra familia, a veces de formas devastadoras. Así que supongo que este capítulo parece un poco más serio, porque en realidad lo es.

CONVERSACIONES AMOROSAS EN BUSCA DE LA VERDAD

Sentimos que el mundo está más dividido que nunca, y sentimos que es más crucial que nunca que encontremos una forma de mirar en nuestras propias almas y tomar conciencia de la verdad que todos estamos procesando juntos. A nadie lo forzaron tanto a que creyera, como a ti. Lo cierto es que toda la vergüenza y la gritería en las páginas de Facebook y en los perfiles de Twitter no conducen a un cambio real. Sin embargo, la clave puede estar en mantener conversaciones amorosas en torno a un café, una cena, un buen bourbon o un buen desayuno inglés, donde decidamos juntos buscar la verdad, aunque la abordemos desde perspectivas radicalmente diferentes.

Cada día es una oportunidad para desafiar nuestras suposiciones, destronar nuestras preferencias como la última palabra, reconocer que la cultura no siempre es el árbitro más sabio de la verdad, y solo decidir que, pase lo que pase, todos estamos juntos en esto.

Sé que para este momento te debo parecer como un jipi ecologista o algo por el estilo. Aun así, lo que quiero decir es que, a pesar de lo idealista que soy, pienso que solo soy demasiado viejo como para ser idealista con respecto a mí mismo. He cometido demasiados errores y he estado equivocado en cuanto a diferentes cosas demasiadas veces. Mi búsqueda de la verdad me ha llevado a conclusiones que he tenido que reevaluar o descartar con el tiempo. Las cosas de las que estaba tan seguro en la adolescencia o cuando tenía veinte años, me parecen mucho menos en blanco y negro, y mucho más RNAVAIV. Solía saberlo todo. Ahora me he dado cuenta de que no sé nada. Quizá te sientas identificado.

Es el no saber lo que hace que la vida sea una aventura. El no saber, el deseo de la verdad, la búsqueda de la verdad, produce una humildad que nos permite disfrutar verdaderamente el descubrimiento. Ese es el viaje común en el que todos estamos. Así que recorrámoslo juntos con bondad y dejemos que la verdad nos encuentre.

CAPÍTULO 13

¡TE ESFUERZAS *DEMASIADO*!

«**P**ara ser sincero, Stephen, te pareces demasiado al resto de todas las bandas de jóvenes que hay allá afuera. Realmente no hay nada que te destaque. Pareces justo como ellos. Te ves justo como ellos. Tienes que hacer algo para ser diferente».

Ahí estaba yo sentado, con toda mi ansiedad de un joven de veinticuatro años, delante de un consultor de música que había contratado para que me ayudara a llevar mi banda al siguiente nivel, asintiendo y tratando de asimilarlo todo sin sentirme ofendido. Esta es la clase de cosas que los profesionales de la industria te dicen que tienes que hacer si quieres tener éxito en el negocio de la música. Incluso si eres un artista cristiano, al parecer tener un buen corazón y buenas intenciones, y ser bastante bueno en lo que haces, no importa demasiado. Debes tener el estilo.

Había estado pensando en esto durante mucho tiempo. Durante un par de años, cuando empecé como músico, nuestra banda tocaba cinco veces a la semana y, en ese momento, trabajábamos todos los fines de semana más meses enteros durante el verano. Era intenso. Eso era años antes de Spotify. YouTube estaba empezando como una plataforma de redes sociales, y nuestro canal no existiría durante al menos 144 meses más. Los recursos que usamos con tanta facilidad en la actualidad para descubrir bandas no se conocían en ese entonces. Y, aunque podía decir algo que muchos músicos llegan a decir, que soy un músico a tiempo completo y que mantengo a mi familia de esa manera, no era suficiente para mí. Era como Ariel en *La sirenita*. Quería mááááááás.

El consultor abrió un libro de fotografías y empezó a mostrarme cosas que podíamos hacer para sobresalir. Eso era antes de que Pinterest existiera, así que tenía impresas fotos de camisetas, zapatos, pantalones, gafas, chaquetas y más, las que había organizado cuidadosamente en una carpeta con su análisis de formas en las que podíamos aumentar nuestras probabilidades de tener éxito.

«Estos son los zapatos que deben usar. Los zapatos son importantes. Estos tenis los ayudarán a avanzar al siguiente nivel. Todo el mundo usa Chuck Taylors en la actualidad. Deben tener estos Nikes. Complementa eso con un bonito traje, y estarás en el negocio. Además, necesitas perder un poco de peso. Tu música es buena, pero no hay lugar para otro tipo gordo en la música cristiana».

Planifiqué una reunión con los chicos de la banda para hablar sobre nuestro nuevo guardarropa.

«Así que, en esencia, somos los Jonas Brothers», dije. «No más camisetas. «No más vaqueros. Todo el tiempo usaremos trajes. Todavía pueden usar zapatillas, pero tienen que ponerse una corbata y una chaqueta o un chaleco. A partir de ahora vamos a comprar en Express, chicos.

Y durante los meses siguientes, Express se quedó con demasiado de nuestro dinero.

Si parezco como que estaba inseguro y hambriento de fama, es porque lo estaba hasta cierto punto. Mis motivaciones estaban mezcladas, la mayoría buenas, pero tenía un enorme hueco en mi alma debido a mis heridas del pasado. Sentía que necesitaba probarme a mí mismo convirtiéndome en un supermegaexitoso músico cristiano de adoración. Sabía las cosas que debía decir, pero hice cosas estúpidas, como vestirnos como los JoBros para tratar de tener éxito. Quería demostrarle a todo el mundo que era digno de entrar en el club de los artistas cristianos más famosos de todos los tiempos.

Me estaba esforzando demasiado.

Era totalmente loco. No recuerdo esos días con la menor clase de orgullo y, de hecho, escribí todo un libro acerca de mi lucha para liberarme de ser el vampiro en busca de aprobación más grande del mundo: *Worship Leaders, We Are Not Rock Stars*[30].

Nota al margen: Si no estás familiarizado con lo que es un líder de adoración, es la persona que dirige a la gente cuando canta música a Dios y sobre Dios, en la iglesia y en eventos basados en la fe cristiana. Otros títulos para este papel en particular podrían ser líder de canto, salmista, adorador líder, líder de música, ministro de música, pastor de adoración, ministro de adoración, pastor de música, y la lista continúa. Sin embargo, eso debe darte la perspectiva de lo patética que es la idea de ser un líder de adoración «famoso». Tener eso como objetivo es prácticamente no haber entendido nada.

No obstante, la reunión con este consultor tuvo lugar justo a tiempo para cambiar nuestros planes para el verano y estar once semanas tocando en campamentos juveniles por todo el sur del país vestidos de gala. Claro, había 43 grados Celsius afuera y algunos de los lugares ni siquiera tenían aire acondicionado en sus salas de reunión principales. Por supuesto, nos relacionábamos durante la semana con chicos que solo usaban ropa deportiva y bañadores. Sin embargo, estábamos decididos a sudar la gota gorda día tras día si eso nos daba la oportunidad de que alguien nos notara.

Terminamos nuestros compromisos ese verano y Roger, el director de uno de esos campamentos, me llamó para conversar un poco.

—Hola, Stephen, ¿cómo se siente eso de esforzarse demasiado para impresionar a un grupo de chicos con un traje de tres piezas todo el verano, con un calor de 43 grados?

Roger no midió sus palabras ni se anduvo con rodeos. Era un asombroso hombre con un resplandeciente cabello rojo y la clase de voz profunda que te llega al alma a través del teléfono. Fue tajante y directo, pero amable. Y sabías que te apreciaba si hablaba contigo. Era el líder de una organización de campamentos que había contratado a la banda por varias semanas aquel verano. Y este no era cualquier campamento. Era *el* campamento. Como el que todo el mundo quiere hacer. Podía haber contratado a cualquier otro, pero me contrató a mí y a los chicos. Y yo estaba haciendo el ridículo.

—Bueno, tú sabes, yo… yo solo… Solo queríamos intentar algo nuevo, ¿viste? —le di algunas otras excusas superdébiles, mientras él solo escuchaba.

—Stephen, sabes que te aprecio. Quiero verte triunfar. Acabas de empezar, y te quiero ayudar. ¿Sabes lo que te va a ayudar a sobresalir? No es vestirse como los Jonas Brothers. Es apreciar a las personas, ser muy bueno en lo que haces y mostrarles a Jesús. Todo eso lo tienes. Apégate a ello. Y nunca más uses un traje en un campamento, mi hermano.

Y nunca más lo usé.

No obstante, alrededor de un año más tarde, con el hueco en mi alma y, por consiguiente, el hambre de llegar al siguiente nivel, aún me dominaba lo mismo que antes. Ya no estaba usando trajes de modelo GQ supermodernos con zapatos tenis, pero todavía tenía los ojos en «tener éxito» como un «famoso líder de adoración». Había empezado a emplear mis viejas tácticas, a fin de lograr que me contrataran para tocar en clubes y esos lugares cuando hacía ese tipo de trabajos. Ahora, en cambio, estaba buscando iglesias grandes, conferencias y eventos cristianos a los que les pudiera enviar mi música para poder dirigir la adoración allí. *Mientras más grande sea la iglesia o el evento, mientras más personas escuchen mi música, mayor impacto podré tener para la gloria de Dios*, me decía.

Había una ballena blanca que había estado codiciando. Había escuchado acerca de un estudio bíblico para universitarios en mi estado natal de Texas a donde asistían unos diez mil estudiantes universitarios cada semana. Solo sabía que si podía lograr que me permitieran tocar en este estudio bíblico, esa sería la oportunidad que iba a catapultar mi carrera como un famoso líder de adoración estrella de rock.

Seguí la rutina que acostumbraba de encontrar el punto de contacto y enviar mi CD con un kit de prensa exquisitamente diseñado, a todo color y de cuatro paneles, con fotografías profesionales de la banda, una biografía de primera, testimonios seleccionados y la información de contacto.

En este caso en particular, Ben era el tipo con el que debía hablar. Llamaba cada semana para tratar de hablar con él.

«Hola, sí, le habla Stephen Miller. Les envié mi álbum y un pequeño paquete de información acerca de mi banda y de mí mismo, y me encantaría hablar con Ben sobre la posibilidad de dirigir la adoración en su evento».

Su asistente me escuchaba callada semana tras semana y, cada semana, me respondía:

«Lo siento, no está aquí ahora. Le puedo dar su mensaje y le devolverá la llamada».

El tiempo pasó y nunca me llamó. De modo que, la siguiente semana, pensé que valía la pena volver a llamarlo. Nadie logró nunca nada sin perseverar, ¿no es así?

«Hola, es Stephen Miller otra vez. Solo estoy llamando para asegurarme de que Ben recibió el álbum que le envié. Me encantaría hablar con él si tiene algunos minutos para escucharme».

La misma respuesta.

Nunca me devolvió la llamada.

Es probable que esto continuara durante los siguientes tres meses, hasta que se convirtió en algo que tenía que lograr. Sentí que era un ataque directo a mi valor, así que decidí redoblar mis esfuerzos. Cuando le dices a alguien que le vas a devolver la llamada, en realidad debes hacerlo. No puedes ignorar a las personas y librarte de ellas. Si no quieres hablar conmigo, me lo tienes que decir.

Supongo que ellos empezaron a pensar eso mismo y sintieron que necesitaban hablarle claro al chico que no captaba las indirectas.

«¡Hola! Es Stephen Miller. ¿Puedo hablar con Ben?».

«Mira, hombre», se sinceró conmigo finalmente su asistente», «te estás esforzando demasiado. Si quiere llamarte, te llamará. Pero no puedes seguir llamando y molestando a las personas para tratar de lograr una actuación. Recibimos una docena de llamadas como la tuya todas las semanas. Si queremos que dirijas la adoración para nosotros, lo sabrás. Sin embargo, hasta que no llegue ese día, si llega, por favor deja de llamar. Hasta entonces, quizá debas relajarte y estar contento donde estás.

Al principio, el aguijón del rechazo fue abrasador. De alguna manera, inconscientemente, todas las veces que me dijeron que no era lo bastante bueno me vinieron a la mente. Al mismo tiempo, el dolor que me invadía me abrió los ojos a la misma conversación de un año antes. *Me estaba* esforzando demasiado. Lo había hecho toda mi vida.

Esa noche no pude dormir. Di vueltas y vueltas hasta que no pude soportarlo más. Me levanté y estuve caminando en la sala durante horas, conversando con Dios y tratando de descifrar qué rayos debía hacer con mi vida.

Creo que Dios se interesa de veras por mí y por mi vida, incluso en las cosas pequeñas, como cuando estoy quebrantado y dolido. Así que esa noche sentí como si Dios estuviera allí conmigo en la sala de mi casa para consolarme y darme paz. No paz para justificar el hecho de que seguía esforzándome demasiado. No paz para seguir tratando de demostrar que era importante y que tenía valor. En su lugar, una paz para entender la verdad de que ya tenía valor aparte de mis logros y que, si seguía tratando de probar que era importante, solo iba a seguir permitiendo que me robaran la alegría de saber que, de cualquier manera, era importante. Paz para saber que todo iba a estar bien.

¿QUÉ TE HA APORTADO LA COMPARACIÓN?

No necesitaba desperdiciar más tiempo comparándome con otros líderes de adoración o músicos cristianos exitosos. No necesitaba preguntarme cuándo sería mi turno para lograrlo.

No necesitaba ser el que tocara en la siguiente gran conferencia o evento, tener mi canción en la radio ni subir en la categoría de éxitos. No necesitaba multitudes de fanáticos, seguidores, elogios o aplausos. Ya era completamente amado, apreciado y querido por Dios, quien de seguro lo demostró al morir por mí en una cruz y resucitar de entre los muertos.

Aun así, incluso si no tuviera la fe para creer eso, ¿qué bien me haría jugar un juego de comparación que solo me robaba mi alegría? ¿Qué bien le hace a alguien el juego de la comparación?

¿De qué manera el mirar el éxito de otra persona y desear tenerlo puede hacerme más feliz?

¿De qué manera ver a otra persona de vacaciones y preguntarme «¿Por qué no puedo ser yo?» puede añadir alegría a mi vida?

¿Envidiar la casa, el auto, la carrera, las vacaciones o la relación de alguien me produjo alguna vez *más* paz? ¿O solo menos? No sé en tu caso, pero una envidia como esa nunca me ha traído más paz. Ni una sola vez.

> El contentamiento es el antídoto contra la comparación.

Dicen por ahí que la comparación es el ladrón de la alegría. Es como una enfermedad que solo avanza y avanza y avanza, robándose nuestra fuerza y energía.

Sin embargo, el contentamiento es el antídoto contra la comparación. Y el contentamiento va de la mano con la gratitud.

No obstante, y posiblemente por ese motivo, el contentamiento parece cada vez más difícil de encontrar. Sobre todo en estos días de redes sociales en los que las personas solo muestran lo más destacado, es más fácil que nunca sentir que no basta con lo que tienes. Tu casa no es lo bastante linda como para estar en

Pinterest. Tus hijos no son lo bastante corteses. Tu matrimonio o tu relación no es lo bastante romántica. No estás lo bastante en forma o no eres lo bastante bonita o guapo. No eres lo bastante talentoso o rico.

En lo personal, todavía lucho con estas cosas. No de la misma manera en que solía hacerlo, pero todavía está ahí. Me gustaría poder decir que he encontrado el secreto del contentamiento, pero para ser sincero, he pasado la mayor parte de mi vida deseando más. Algunos lo llaman espíritu viajero. No sé si lo consideraría digno de una frase tan extravagante.

Sin embargo, en mi búsqueda para recordarme a mí y a los demás que todo va a estar bien, escribí una canción, y casi se ha convertido en el himno de cierre de cada vídeo durante los últimos dos años en nuestro canal de YouTube. Se llama «Home» [Hogar].

Hay un millón de millas que he viajado en mi cabeza,
Pero no puedo saciar la necesidad de algo más.
Dios, sé mi refugio, ven y calma mi corazón.
Tú eres mi hogar.

Hay un millón de cosas que quisiera que fueran diferentes,
Porque incluso desde este infierno tengo inclinación por el cielo.
Dios, sé mi refugio, ven y calma mi corazón.
Tú eres mi hogar.

Por amor a tu nombre,
Tú me guiarás de regreso a casa contigo.

Hay un anhelo en mí que no puedo satisfacer.
No tengo nada aquí para mostrar por toda mi lucha.
Dios, sé mi refugio, ven y calma mi corazón.
Tú eres mi hogar.

Por amor a tu nombre,
Tú me guiarás de regreso a casa contigo.

Mis pastos más verdes, mis aguas tranquilas,
Aquí en tu mesa, no podría querer más.
Cuando las montañas se derrumban y los océanos rugen,
Aquí en tu mesa, no podría querer más.

Por amor a tu nombre,
Tú me guiarás de regreso a casa contigo.

La verdad es que, en la mayoría de los casos, ya tenemos todo lo que necesitamos. El pasto ya es más verde donde estamos. Las aguas ya están tranquilas donde estamos. Solo necesitamos reorientar nuestra perspectiva. La gratitud nos ayuda a hacer eso. Nos conduce a un lugar de alegría. Nos conduce a un lugar de paz donde no sentimos la necesidad de esforzarnos demasiado para demostrar algo.

Cuando estaba en el instituto, solía ver un programa de televisión para niños porque mi primo pequeño lo veía y, como consecuencia, en el momento en que tuve hijos propios, ¡puedes apostar hasta tu último dólar que lo veía con ellos! Se llamaba *Veggie Tales on TV* y era, sin lugar a dudas, mejor que las alternativas de *Barney*, *The Wiggles* (aunque todavía canto esa canción pegajosa «Fruit Salad») o, la más loca de todas, *Teletubbies*.

El episodio de *Veggie Tales* llamado «Madame Blueberry» tenía una canción en particular muy pegajosa que todavía canto hasta el día de hoy (la «Canción de agradecimiento») que incluye la línea: «Un corazón agradecido es un corazón feliz»[31].

Pensado bien, si tan solo hubiera estado cantando esto para mí todo el día, tal vez podía haberme evitado el dolor de que me dijeran en lo que me parece que fueron más de cien veces: «Amigo, te esfuerzas demasiado».

Si tan solo me hubiera acordado de ser agradecido por lo que soy, por cómo soy, por dónde estoy, cuándo estoy y por lo que tengo, quizá me habría evitado muchas noches sin dormir con la cabeza entre las manos, llorando mientras decía: «¿Por qué yo no?».

Esto no quiere decir que no debes soñar, trabajar, tener una visión o ser perseverante. Sí creo que debes ser el mejor empleado en tu lugar de trabajo y que siempre debes estar hambriento de cosas nuevas. No obstante, también pienso que nos perdemos muchas de las maravillas, del esplendor, del asombro, de la satisfacción y del placer de las cosas que somos y tenemos, porque no podemos quitar los ojos de las cosas que no somos y que no tenemos.

La buena noticia es que esta es una elección que hacemos cada día. Posiblemente cada minuto y segundo. Sin importar lo mucho que me equivoque, mi fracaso no es el final. Voy a tener otra oportunidad enseguida que el minutero de mi reloj marque el próximo segundo.

Mi falta de contentamiento y gratitud no es lo que soy. Incluso si soy una persona históricamente malagradecida, puedo escoger en este mismo momento creer que soy y que tengo suficiente, y decidir ser agradecido por cada detalle de la vida y por cada molécula de oxígeno que recibo, pues de seguro que no puedo inventar el oxígeno.

Mi lucha con el contentamiento no me define, pero me puede refinar. Es la misma lucha que nos empuja y que hace que crezcamos. Si se lo permitimos, nos puede revelar todas las cosas que pensamos que nos satisfarán y que, en realidad, jamás lo lograrían. Si se lo permitimos, puede correr la cortina para que veamos las cosas en las que hemos estado confiando y que solo nos decepcionarán. Si no desistimos y no nos rendimos, nos puede conducir más allá de la frustrante futilidad de esforzarnos demasiado, o de querer cosas más grandes y mejores, y llevarnos a la alegría y al contentamiento verdaderos y perdurables.

UN MOMENTO CRUCIAL

Al avanzar quince años después de las conversaciones telefónicas semanales con la asistente de Ben, ahora soy amigo de Ben. Hace poco hicimos juntos un campamento juvenil y, en una sesión de preguntas y respuestas que hicimos juntos, les conté la historia a un grupo de chicos de que solía llamarlo una y otra y otra y otra vez, tratando de lograr que me diera la oportunidad de dirigir la adoración en su estudio bíblico, solo para que me eludieran.

Nos reímos y, aunque Ben se disculpó, le di las gracias y le dije a la audiencia que, a pesar de lo mucho que dolió, fue uno de los momentos más importantes, más cruciales de mi vida. Me ayudó, junto con otras miles de experiencias, a ver que podía dejar de esforzarme demasiado para probar que valía algo, pues lo cierto es que ya valía algo.

Y tú también.

Tienes mucho más valor del que te puedas imaginar. Te creó un Dios que te ama, y no solo te ama, ¡también *le gustas*!

Déjame decir eso más alto para que lo escuchen las personas que están en el fondo: *¡Dios no solo te ama, también le gustas!*

No solo te está tolerando porque no le queda más remedio. ¡Él es Dios! Nadie lo puede forzar a hacer algo. No solo está esperando a que metas la pata otra vez para aplastarte. Te creó con amor porque se sintió feliz haciéndolo. Te mira con los ojos de un Padre muy bueno que se siente muy orgulloso de su hijo, te sonríe de oreja a oreja y se le llena el corazón de alegría cada vez que te ve. ¡No puedes ganarte ni crear una mejor identidad que esa!

Dios te dio dones, personalidad y pasiones únicas porque así quiso hacerlo. Envió a Jesús a morir en la cruz para pagar por tus pecados, a fin de que tú pudieras ser completamente perdonado por todo lo que has hecho y lo que harás mal: cada error, equivocación, fracaso épico o lo que sea. Y para que vivas con Él por siempre en un lugar donde no hay pecado ni enfermedad, muerte ni oscuridad. Un lugar donde no hay amigos traicioneros ni políticos corruptos. Un lugar donde no hay hora pico en el tráfico cuando tu aire acondicionado no funciona y afuera hay 43 grados de temperatura. O donde te dejen esperando en el teléfono por lo que te parecen horas, solo para que te transfieran a alguien que no tiene idea de lo que está hablando, o te cuelga por accidente y tienes que empezar todo de nuevo. Un lugar donde nunca tendrás que doblar la ropa lavada de los niños ni tendrás que pelar huevos duros otra vez. (¿Alguien dice aleluya?). Solo hay belleza y perfección, y seremos sanos, completos y felices... *para siempre*. Porque Dios mismo estará con nosotros en formas que jamás podremos imaginar y Él no permite que toda esa basura entre en su presencia. Sin embargo, con toda seguridad, Él sí te ama, le gustas y quiere que estés allí.

Deja de esforzarte demasiado y de permitir que todas esas otras cosas te definan. Permite que te empujen a darte cuenta de quién te crearon para ser en realidad. Esos son los pastos más verdes y las aguas más tranquilas. Es allí donde está la verdadera vida.

UN POCO MÁS DE GRACIA

No estaba muy decidido a escribir esta clase de minicapítulo, pero debido a que soy padre, supongo que por eso me siento obligado a expresar algunos pensamientos finales.

Mientras escribía este libro durante los últimos meses, de veras me sorprende el hecho de que todavía esté vivo. Es más, a medida que los escribía, se los leía a mi esposa, a mis hijos, a un par de amigos e incluso a mi editor, y en algún momento, cada uno de ellos dijo: «Oye, no puedo creer que todavía estés vivo». Estoy de acuerdo.

También dijeron algunas variaciones, como: «Oye, no puedo creer que fueras tan tonto». Esa dolió un poco más, pero estoy de acuerdo también.

Y estoy seguro de que incluso algunos pensaron: *Oye, ¿cómo te permitieron procrear?* Lo que, para ser justo, también es cierto…

A esas preguntas no puedo darles respuestas, excepto que la declaración que escribí en todo este libro es cierta: *todo va a estar bien*.

Todavía estoy vivo porque todo va a estar bien.

Es probable que sea la persona más tonta que la mayoría de la gente ha conocido y, a pesar de eso, todo va a estar bien.

Procreé y, no obstante, todo va a estar bien, como lo evidencian los hijos asombrosos que tengo como resultado.

Estoy muy agradecido de que el internet todavía no estaba totalmente en boga cuando la mayoría de estas historias tuvieron lugar. Estoy aún más agradecido de que mi vida, al menos la mayor parte, ha pasado a la sombra, aparte de la atención que recibe en una plataforma tan rara como YouTube.

Porque en medio de todos nuestros intentos, nuestras luchas y nuestro esfuerzo, el mundo tiende a escribir nuestras victorias en la arena, mientras que graba nuestros fracasos en el concreto. Y, al pensar en esto, me siento verdaderamente agradecido de que se me haya concedido la habilidad de ser un ser humano normal que toma decisiones estúpidas no tan normales, sin que todo el mundo sepa cada detalle de cada segundo de mis fracasos.

Sin embargo, lo mismo es cierto con respecto a mí ahora que antes. Tengo defectos, soy imperfecto. A veces de una manera devastadora. Y tú también, aunque te aseguro que no tanto como yo. Es decir, ¿leíste este libro? Y eso es solo la punta del iceberg.

Pero a lo mejor, solo a lo mejor, vieras un poco de ti mismo en estas historias. Quizá te puedas identificar con ese sentimiento de querer darte un punto en la boca cuando dices algo ofensivo o incluso dañino.

Tal vez te veas en las payasadas tontas o en los momentos cuando buscaba insaciablemente mi valor.

Mi esperanza es que este libro sea más o menos como un espejo, pero uno de esos espejos de circo que te muestra las versiones más raras de ti mismo. Uno que logre enfocar al verdadero tú al mostrarte, en contraste, la versión más absurda de ti mismo.

Ese soy yo. Soy la versión más tonta y rara de ti. A pesar de eso, y por alguna razón, me han dado esta familia maravillosa y esta increíble oportunidad de contar nuestra historia. Esto lo atribuyo a la gracia de Dios. Porque Él decidió, sin importar de que me lo ganara o lo mereciera, darme una historia y una voz, y ponerme en este momento de este tiempo en particular para animar a las personas de todo el mundo con la verdad de que, por mucho que te equivoques, todo va a estar bien.

El fracaso no es el final.

No eres tus errores.

Tus fracasos no te definen, pero te pueden refinar.

Me inclino a creer que, si Dios puede hacer algo maravilloso con un tipo que siempre está metiendo la pata como yo, ¡también puede hacer algo maravilloso contigo!

CANCELA LA CULTURA DE CANCELACIÓN

Así que, ¿por qué no te deshaces de la idea de que hay que cancelar a las personas imperfectas y quebrantadas? Tal vez solo necesiten ser amadas. Tal vez solo necesiten que las animen o les aclaren las cosas con respeto. Tal vez solo necesiten que las invites a una cena por el Día de Acción de Gracias o, por lo menos, a un café. Tal vez solo necesiten gracia.

Quizá *todos nosotros* solo necesitemos un poco más de gracia para nosotros mismos y para otros. Quizá en vez de destruirte a ti mismo y unos a otros, deberíamos ser más sabios y edificarnos unos a otros. Criticar es fácil; animar es más difícil. Es fácil lanzar piedras; es más difícil construir puentes. Sin embargo, quizá eso sea todo lo que necesitamos.

Nos necesitamos unos a otros.

Yo te necesito y tú me necesitas a mí, y él la necesita a ella y ella lo necesita a él y, bueno, ya entiendes la idea.

Eso no quiere decir que no debamos abogar por la justicia, ¡incluso con pasión! Por eso nuestra familia tiene el aspecto que tiene. Vimos la necesidad, incluso la injusticia, de que había niños sin familia por motivos fuera de su control y supimos que necesitábamos hacer algo al respecto. Y luchamos mucho para cambiar esa realidad.

Cuando está oscuro, es mucho más productivo encender una luz que maldecir el hecho de que no puedes ver nada. Cuando hay algo malo en el mundo, es mucho más constructivo hacer algo al respecto que empezar a quejarse sobre eso en las redes sociales.

Es posible defender lo que es adecuado y hacerlo con amabilidad, compasión y empatía. Tal vez esa sea la mejor de las razones para hacer lo apropiado.

Me atrevo a decir que la mayoría de nosotros ya nos hemos dado bastante cuenta de nuestros fracasos y limitaciones, tal vez más que cualquier otra persona sobre la faz de la tierra. No necesitamos que nos lo recuerden una y otra vez. A veces solo necesitamos a alguien que nos diga que todo va a estar bien. Y a veces solo necesitamos un ejemplo activo de un camino mejor.

De modo que ese soy yo en este pequeño libro, tratando de ser ese padre de comedia de televisión que da consejos gratuitos (o lo que sea que pagaste por este libro) para hacer del mundo (o al menos de esa pequeña parte de la creación que llamamos tu corazón) un mejor lugar.

Ten un poco más de gracia contigo mismo. Ten un poco más de gracia con los demás.

Te lo prometo, todo va a estar bien.

EPÍLOGO

POR AMANDA MILLER

Stephen y yo habremos estado casados durante diecinueve años para el momento en que este libro salga al mercado y, al volver la vista atrás, se siente como que hemos vivido una increíble cantidad de «vida» en todos estos años. Desde el ministerio, los emprendimientos hasta los abortos, nacimientos y adopciones, de seguro que nuestras vidas no han sido aburridas.

Debido a nuestra presencia en las redes sociales, a menudo escuchamos comentarios con respecto a la apariencia de nuestra familia y sobre cómo parece que estamos viviendo la vida que cualquiera soñaría. En un sentido, estoy de acuerdo con eso, pues miro a nuestros hermosos hijos y esta vida que estamos construyendo juntos, y hace que se me llenen los ojos de lágrimas. Me siento muy agradecida por todo eso. Aun así, no ha venido sin dolor. Es más, a veces parece que hemos soportado más de lo que nos tocaba de desafíos y dolor, muchos de los cuales hemos contado de manera abierta a lo largo de los años. Nunca hemos querido proyectar nuestra vida como fácil ni perfecta y, no obstante, creemos firmemente en el valor de transmitir esperanza y alegría a los que nos rodean. ¿Cómo hacemos esto durante esas temporadas muy oscuras, a veces desgarradoras, por las que todos atravesamos? Esa es una pregunta que nos esforzamos por responder bien en nuestro viaje.

En medio de todo, hemos visto a Dios sosteniéndonos en formas que solo Él lo puede hacer, y nuestra esperanza es conectar con otros de forma que podamos animarlos y ofrecerles esperanza, no porque tengamos todas las respuestas ni porque no cometamos errores (es decir, por eso este libro se llama *El arte de equivocarse*), sino más bien porque a pesar de nuestras humanidad, siempre hay esperanza para que el futuro, el crecimiento, la sanidad, la redención y la bondad sean el resultado de esas temporadas desafiantes.

Este libro se escribió con esa verdad en mente, y he tenido el privilegio de ver a mi esposo derramar gran parte de su corazón a lo largo de estas páginas durante este último año. Deseamos que, al escuchar algunas de nuestras experiencias, te animes sabiendo que el fracaso no es el final y que siempre hay esperanza para el futuro, a pesar de cualquier circunstancia actual por la que estés atravesando. Eres muy amado en medio de todo eso.

Stephen, me siento muy orgullosa de ti por tu perseverancia, tu carisma y alegría, y por tu dedicación a tu familia y a tu fe. Amo este viaje loco y salvaje en el que estamos juntos, y me siento bendecida por poder hacer todas estas cosas a tu lado.

RECONOCIMIENTOS

Toda mi vida está edificada sobre los hombros de gigantes. No gigantes literales, aunque hay un par de personas bastante grandes en la lista. A pesar de que unas pocas oraciones aquí en la conclusión de este libro no pueden describir la gratitud que siento por las personas que han invertido en mí y en mi familia, quiero darles las gracias.

Jesús, me siento más agradecido de lo que las palabras puedan expresar porque soy tuyo. Agradecido más de lo que las palabras puedan expresar por el regalo de tu gracia al haberme escogido primero y haberme llamado tuyo. No me escogiste de último; me escogiste de primero. Me hiciste a tu imagen, me redimiste por tu obra en la cruz, me adoptaste en tu familia y me diste todo lo que tengo.

Amanda, en realidad no merezco tu bondad, tu paciencia y tu amor incomparable. No solo has caminado junto a mí a lo largo de cada página de este libro, sino que has caminado junto a mí a lo largo de la mayoría de estas historias en tiempo real (más otras muchas), y me asombra el hecho de que todavía me ames y no hayas desistido de un tonto como yo. Eres la mujer más fuerte, más valiente y más increíble que he conocido. Estoy loco por ti, y me siento muy agradecido por tenerte como mi cómplice.

Reese, Penny, Keira, Jude, Liam, Ethan y Lincoln (también conocido como «the Juice Box Biker Gang»), ustedes siete son el orgullo de mi vida y de la de su mamá. Han vivido tantas cosas y han visto más cosas locas en sus pocos años de los que muchos verán en toda su vida. Estamos maravillados con todos ustedes y no podemos imaginar un llamado mayor y un honor más grande en esta vida que el de ser sus padres.

Mamá y papá, soy quien soy porque ustedes son quienes son. Gracias a ambos por animarme siempre en mis pasiones y empeños.

Charles y Sonii, gracias por hacer una mujer tan perfecta como su hija, y por no recoger todo y mudarse a un país muy, muy lejano cuando le pedí que se casara conmigo. Y por todo el amor, el apoyo y los consejos sabios que nos han dado a lo largo de los años. Solo quiero reiterarlo: por su superlinda hija que tengo el honor de llamar mi esposa. *Muchas gracias* por eso.

Charlie Harrisberger, Matt Carter, Tom Mosley, Jim Frith y Darrin Patrick, ustedes me enseñaron a amar a Jesús, a ser un esposo y un padre temeroso de Dios y a reconocer mis errores y, en muchas maneras, a cómo ser un hombre. Gracias por su amistad y guía a lo largo de los años.

Tom Dean y Andy Rogers, gracias por creer en este libro y por hacerlo realidad. Formamos un gran equipo y no puedo esperar a ver todo lo que vamos a hacer juntos en los próximos años.

Y, por último, muchas gracias a Charley Button y a nuestro equipo en Select. Ustedes son el mejor equipo de administración que podíamos haber querido, ¡y estamos muy agradecidos por ustedes!

NOTAS

1. Descargo de responsabilidad: esta declaración no se ha eva-
luado por la FDA, FTC, YMCA, NCAA, IMDB, ni por
ninguna de esas otras organizaciones con iniciales elegantes.
2. «Pennies from Heaven», pista 7 en Louis Prima, *The Call
of the Wildest*, Capitol Records, 1957, LP.
3. Ver «Directory of Mark Twain's Maxims, Quotations, and
Various Opinions», Twainquotes.com, consultado el 25
de octubre de 2021, www.twain quotes.com/Death.html.
4. Citado en Lewis Howes, «20 Lessons from Walt Disney on Entrepreneurship, Innovation, and Chasing Your
Dreams», *Forbes*, 17 de julio de 2012, www.forbes.com/
sites/lewishowes/2012/07/17/20-business-quotes-and
-lessons-from-walt-disney.
5. Citado en Travis Bradberry, «8 Ways Smart People Use
Failure to Their Advantage», *Forbes*, 12 de abril de 2016,
www.forbes.com/sites/travisbradberry/2016/04/12/8
-ways-smart-people-use-failure-to-their-advantage.

6. *Garth Brooks in . . . the Life of Chris Gaines*, Capitol Records, 1999.

7. Por ejemplo, «Lost in You», pista 2 en *Garth Brooks in . . . the Life of Chris Gaines*.

8. Lyndsey Parker, «Garth Brooks Opens Up about Chris Gaines era: "My Ribs Are Still Sore from Getting the S*** Kicked Out of Me for It"», Yahoo, 27 de septiembre de 2019, www.yahoo.com/now/garth-brooks-opens-up-about-chris-gaines-era-my-ribs-are-still-sore-from-getting-the-s-kicked-out-of-me-for-it-200451806.html.

9. Salmo 139:13–14 dice: «Tú creaste mis entrañas; me formaste en el vientre de mi madre. ¡Te alabo porque soy una creación admirable! ¡Tus obras son maravillosas, y esto lo sé muy bien!».

10. Bill Gates, *The Road Ahead*, ed. rev., Penguin, Nueva York, 1996, p. 38.

11. Ed Catmull, *Creatividad, S.A.: Cómo llevar la inspiración hasta el infinito y más allá*, CONECTA, un sello de Penguin Random House, Nueva York, 2018, p. 109 (del original en inglés).

12. Ted Lasso, temporada 1, episodio 2, «Biscuits», dirigido por Zach Braff, escrito por Jason Sudeikis, Brendan Hunt y Joe Kelly, protagonizado por Jason Sudeikis. Salió al aire el 14 de agosto de 2020, en Apple TV+.

13. «Sorry», pista 4 en Justin Bieber, *Purpose*, Def Jam Recordings, 2015.

14. «Apologize», con la actuación de OneRepublic, pista 16 en Timbaland, *Shock Value*, Interscope Records, 2007.

15. De *Solo en casa*, dirigido por Chris Columbus, escrito por John Hughes, con la actuación de Macaulay Culkin, 20th Century Fox, Los Ángeles, 1990.

16. «The Climb», pista 8 en Miley Cyrus, *Hannah Montana: The Movie*, Walt Disney Records, 2009.

17. «Seven», pista 7 en Sleeping at Last, *Atlas: Enneagram*, Asteroid B-612, 2019.

18. Mateo 6:34.

19. *Ellas dan el golpe*, dirigida por Penny Marshall, guion de Lowell Ganz y Babaloo Mandel, historia de Kim Wilson y Kelly Candaele, con la actuación de Tom Hanks y Geena Davis, Columbia Pictures, 2022.

20. *Corazón valiente*, dirigido por Mel Gibson, escrito por Randall Wallace, con la actuación de Mel Gibson, Paramount Pictures, Hollywood, 1995.

21. *Billy Madison*, dirigido por Tamra Davis, escrito por Tim Herlihy y Adam Sandler, con la actuación de Adam Sandler, Universal Pictures, Hollywood, 1995.

22. *Todo en un día*, escrito y dirigido por John Hughes, con la actuación de Matthew Broderick, Paramount Pictures, Hollywood, 1986.

23. Lamentaciones 3:22-23.

24. Gene Wilder, vocalista, «Pure Imagination», por Leslie Bricusse y Anthony Newley, presentado en *Un mundo de fantasía*, Paramount Pictures, Hollywood, 1971.

25. *El club de la lucha*, dirigido por David Fincher, con la actuación de Brad Pitt y Edward Norton, 20th Century Fox, Los Ángeles, 1999.

26. «The Times They Are A-Changin», pista 1 en Bob Dylan, *The Times They Are A-Changin'*, Columbia Records, 1964.

27. Consultado en línea: Wikipedia contributors, «Princess Peach», Wikipedia, https://en.wikipedia.org/wiki/Princess Peach.

28. De Juan 8:32; 14:6; 16:13; 17:17.

29. *Ted Lasso*, temporada 2, episodio 7, «Headspace», dirigido por Matt Lipsy, escrito por Phoebe Wilson, con la actuación de Jason Sudeikis. Salió al aire el 3 de septiembre de 2021, en Apple TV+.

30. Stephen Miller, *Worship Leaders, We Are Not Rock Stars*, Moody, Chicago, 2013.

31. «Thankfulness Song», pista 7 en *Veggie Tales Sing-Alongs: Junior's Bedtime Songs*, Big Idea, 2002.

¡CUENTA TU HISTORIA SOBRE ESA VEZ QUE TE EQUIVOCASTE!

¿Cuándo fue la última vez que te equivocaste completamente?

¿Cuál fue tu último fracaso épico?

¿Cuándo fue la última vez que pensaste que todo iba a desmoronarse, pero que todo estuvo bien al final?

¡Cuéntame tu historia! ¡Publica tu historia en las redes sociales con #theartofgettingitwrong y etiquétame! @themillerfam and @stephenmiller

SIGUE A *THE MILLER FAM* EN LÍNEA

- Facebook: themillerfam
- Instagram: @themillerfam
- YouTube: graceforthemillers
- TikTok: @themillerfam
- Sitio web: www.themillerfam.co

MÚSICA DE STEPHEN MILLER

- Sitio web: stephen-miller.com
- Facebook: @StephenMillerMusic
- Twitter: @StephenMiller
- Instagram: @stephenmiller
- YouTube.com/stephenmillermusic

ENCUENTRA MI MÚSICA EN